河出文庫

韓国ナショナリズムの起源

朴裕河
安宇植 訳

kawade bunko

河出書房新社

韓国ナショナリズムの起源

二〇年後の長い序文　（二〇二〇年）

1

このたび、二〇年前に韓国で刊行した本を、二〇〇五年に続いて再び日本の読者へお送りできることになりました。

もっとも、二〇一九年の暮れに、この本を文庫本にしようと言われたときは、嬉しく思いながらも躊躇しました。というのも、ちょうど日韓両方でベストセラーになっていた『反日種族主義』が驚異的に売れていた時期で、そうした流れを利用して売りつけようとするような浅はかな試みに受け取られてしまうことは必至だと思ったからです。また、本書は二〇年も前の古いもので、最初の韓国語版タイトルが『誰が日本を歪曲するのか』（『누가 일본을 왜곡하는가』사회평론、二〇〇〇年、のち改訂版では

『反日ナショナリズムを超えて』(『반일민족주의를 넘어서』）二〇〇四年、二〇〇五年の日本語版のときは改訂版のタイトルを使った）という、じつに勇ましいものだったことからもわかるように、文字どおりの若気の至りで書いた本だからでもあります。そこで、まずは読み返してみることにしました。その結果、以下のことを考えて刊行することにしました。

まず気がついたのは、荒っぽいところが多々ありながらも、今でも私の中にある思考の原型がはっきりと表れている、ということでした。たとえば、強者主義、覇権主義、侵略主義などへの批判です。また、その根っこにあるのは「ナショナリズムはいつでも帝国主義になりうる」という考えだったのです。

じつはそうしたことは、私が日本の大学院時代に夏目漱石を研究しているときに気づいたことでした。明治時代について勉強しながら昔の資料から見えてきたことが、留学を終えて帰国したところ、突然今日のこととして目の前に現れたのです。つまり、この本は韓国のナショナリズム批判ですが、その根底にあったのは日本のナショナリズム批判でした。強国に抵抗することで自らを正当化していたナショナリズムも、じつは自ら強国になろうとする帝国主義への欲望をはらんでいたこと、結局のところ他国支配を容認してしまうことへの批判だったのです。

さらに言えば、ここで言う帝国主義とは単に領土支配のことだけではありません。

他者を支配したい欲望は、他者を自分の（狭い）了見で判断したり排除さえしたりしますが、そうしたことを真実や正義だと思い込みがちです。おもに男性によって生み出され補強されたこのような価値観は、近代においてその頂点に達し、多くの人を犠牲に陥れました。そして強国主義や覇権主義が排他性をはらみ、時に人を暴力へと走らせる根底には、他者を単一・不変のものと考える「本質主義」があります。

そのような本質主義は、過去の日本でもたくさん見られました。そして、この本は一九九〇年代の韓国でも同じような傾向が見られたことを残念に思いつつ批判したものでしたが、さらに残念なことに、あれから二〇年経った現在の日本でも同様のことが見られるようです。

私は『反日種族主義』の趣旨（日本に関する韓国の認識が必ずしも正しくないという指摘）や内容の一部にいくらか賛同しますが、「種族主義」という言葉で表そうとした韓国民族主義の分析には賛同しませんし、何よりもその言葉が含む自己卑下にも賛同できません。とくに、さまざまな現象を単に〈韓国人は嘘をつく民族〉という枠組みで断じる性急さと、そうした理解を支える本質主義は、この本の大きな欠陥と思っています。同時に、この本が暗に目指す近代主義や「正しい」民族主義の礼賛にも批判的です。一見すると〈韓国の問題を批判する〉のと同じ枠組みに立っていながらも、この本が『反日種族主義』とは異なる所以《ゆえん》です。

このように考えてきて、日韓関係が戦後最悪と言われる今だからこそ、「ここで扱ったことは、時代と空間を超えて言いたかったことでもある。私の関心はただ、他者との『共存』にあり、それを妨害するものは何なのかを探すことにあった」〔本書三四頁〕と書いた、二〇年前の本を再び刊行するのは意味があるかもしれないと考えたのです。

もっとも、日本の韓国に対する現在の嫌悪やそれに伴う拒絶反応が、それなりの理由もあってのことだということは重々承知しています。しかし、たとえ合理的な理由であっても、論争が何度も繰り返されると感情が先立つものです。そのような場合では、状況をきちんと見つめることをしないままわかったつもりになることが多いものです。出来事やそれに関わる相手を極端に単純化し、その原因をわかりやすい本質的なものと見てしまうようなことが起きるのです。そうした現在の日本の状況を、二〇年前の韓国の場合を通して見つめ直してもらえるのなら、少し前の本でも無駄ではないかもしれない、そう考えました。

たとえば、韓国人は恨みっぽいという見方があります。しかし、日本人の一部で共有されている「いつまでも過去を忘れない韓国人」「恨みを持ち続ける韓国人」という認識はじつは正確ではありません。じつは韓国人の多くは、過去そのものよりも過去をめぐって日本人が謝罪していないという認識が強いのであって、それは今でも変りません。つまり、過去の事実以上に、「その後」への関心がはるかに高いのです。

現在の韓国人の日本観にしても、古くからのものでも何でもなく、冷戦体制が終わって日韓の市民交流が活発になった一九九〇年代以降に新たに形成され増幅されたものです。それまで韓国の日本認識は、どちらかというと尊敬や羨望に近いものでした。つまり、韓国の対日観は歴史的に不変のものではないのです。

要するに、現在起きているさまざまな葛藤は、何も韓国人の「本質」が恨みっぽいからではありません。本書に書いたように、不十分な情報やある種の考え方がそのようにさせてきたのです。その意味でも、この本で書いたことは別に韓国の「本質」ではありません。そのような状況を引き起こす植民地トラウマを指摘することはできても、それ自体はあくまでもさまざまな外部的な要素によって生じた、良くも悪くも新たに「つくられた」ものでしかないのです。

「恨みの感情」を引き起こしているものが、過去の「事実」そのものより（時に誇張された）それらを想起させる仕組みにあるのだとしたら、問題視すべきは恨みではなく、その恨みを起こさせる情報のほうです。「恨みの民族」や「いつまでも忘れない執念深さ」などの理解は、一言で言えば状況の構造が十分に認識されていないための考え方でしかありません。

いわゆる「国民性」というものは、一つの文化圏に生活すると身につくもので、何も生まれながらのものではありません。一〇年もよその国で生活すれば考え方はもちろんのこと仕草まで変わってしまうように、人は多くのことに影響されながら生きていきます。その意味でも、一人の他者を変わらないものとして見ようとするのは、単に他者に対する自分の感情や認識を変えたくない、ということでしかないのかもしれません。つまりは自分の考えをはじめとする何ものかを守り抜きたい保守性こそが本質主義に固執させ、他者に対して心を閉ざさせるのです。

2

一九九〇年代には、多くの国々でナショナリズムが伸張しました。韓国人にとってはそれまでに国民を抑圧していた独裁体制や反共主義から解放され、いわゆる「文民政府」のもとで初めて精神的な自由を謳歌できた時代でもあります。八〇年代まではどちらかというと日本から謙虚に学ぼうとしてきた従来の考え方（この本で扱っている『日本はない』（日本には学ぶべきものが何もない）という本のタイトルが「ない」となっていることが、まさにそのことを示しています。それまで韓国にとって日本は学ぶべきところの多い国だったのです）が、大きく変わったのです。冷戦崩壊後の精神的自由を求める風潮とグローバリゼーションの中でのナショナリズムが、そうした状況をより波及させました。この本で扱われている九〇年代の韓国のナショナリズムは何も韓国独自のものではなく、時代的なものでもありました。

つまりこの本で書かれていることは、あくまでも一九九〇年代という限られた時代の韓国人の考え方です。九〇年代には韓国人をしてそのように考えさせるさまざまな要因があったのです。冷戦崩壊とともにポストコロニアリズムの動きが本格的になり、それまできちんと考えることができなかった植民地問題について考えられるようになったという世界的で時代的な背景を、九〇年代の韓国ナショナリズムは持っています。しかも、そうした状況が民主化闘争を闘ってきた世代に受け入れられやすかったという韓国固有の背景もありました。さらに言えば、日本とも市民交流が盛んになり、日本側の情報も入りやすくなったという日韓関係の時代的変化もあります。そうしたことを念頭に入れないと、九〇年代の韓国ナショナリズムは単に滑稽なだけのものになってしまうでしょう。

このような意味で、私はこの本が単なる韓国批判を超えて〈脱植民地主義的な時代的背景の中から起こった元植民地国家のナショナリズム〉批判として読まれることを願っています。実際に、読み返しながら私自身、そのことに気づいたからです。

たとえばこの本で批判した朴景利さんのような作家は一九二〇年代生まれの植民地時代を生きた人で、日本にも紹介されている代表作『土地』の完成は一九九四年でした。その後、この大作はさまざまな版でつくり直されながら「韓国人の必読書」になりました。そして民主化闘争を経た世代への計り知れない影響力を背景に、彼女の認識は拡散され定着していきました。

それは、厳しい冷戦体制の下でつくられてきた反共主義的な偏見、北朝鮮との敵対的な時代のあとにやってきた、時代の必然の中でのことだったと言えます。というのも、韓国の人たちにとって一九四五年以前のこと、つまり植民地時代のことについてきちんと考えることができたのは、史上初めてのことだったからです。そして、韓国はここ三〇年間そうした時代を生きてきたのです。その意味では一昨年以降、深刻化した日韓問題も、このような時代の流れの中で考えるべきです。

この本を書いていた一九九九年は、前年の小渕首相と金大中大統領による日韓共同宣言に見られるように、いたって良好とも言えた時代です。そのような時代、私は「二一世紀を迎えて、表面的にはパートナーの道を歩み始めたかに見える時代にさしかかったが、そうした意識が払拭されないかぎり、韓日間の不協和音がなくなることはないだろう」〔二〇五―二〇六頁〕と書きました。「そうした意識」とは、日本に対する誤解や考え方のことです。二〇〇二年のＦＩＦＡワールドカップ同時開催が終了したら、おそらくそれまで両国ともに触れるのを避けてきたさまざまな問題が本格的に表面化するだろうと思ったのです。実際に、二〇〇一年に教科書問題が発生し、その後に日本では『嫌韓流』が出版され、慰安婦問題や靖国問題、独島（竹島）問題で日韓は深刻にぶつかるような状況になりました。

それは、この本で指摘したような日本観がその後も水面下で増幅されたからです。また、民主化闘争の先頭に立っていた世代が韓国社会の前面に現れ、実際に権力も持つようになったことも、同時に起こりました。そして「韓日間の不協和音」は昨年来、最大のレベルに至っています。

そのあおりを受けて個人間の友情もおかしくなり、在日韓国人との結婚さえ反対されることが多くなったと聞きます。つまり国家間関係が個人の人生に影響する、かつてあったような時代を、私たちは再び生きることになりました。

3

このような時代を、私たちはどのように乗り切ればいいのでしょうか。

どうせ歴史認識は共有できないから、それぞれ自国の歴史認識を保ちつつ協力できるところで協力していけばいいのだとの意見——諦めとともに現実的な方向を目指そうとする意見も日韓双方でたびたび聞かれます。

しかし、そのような状況は交流が断絶するよりはまだましとしても、嘘の交流でしかありません。個人関係がそうであるように、いつまでも心のしこりとして残るでしょう。当然、ことあるごとに葛藤となって現れるでしょう。

韓国の「恨み」を指摘する人たちは、韓国で起きていることを嘲笑します。近年では「断交」せよとまで盛んに叫ぶようになりました。

しかしその多くは、韓国の日本への不信がつくることでもあります。つまり、植民地支配がつくった植民地トラウマによるものなのです。トラウマからの脱出は当然ながら目指すべきものですが、脱出できないからといって嘲笑の対象になるべき理由はないはずです。

その意味でこの本は、一九四五年の解放後も五〇年近く冷戦体制のもとで暮らさなければならなかった元植民地国の臨床記録です。私自身、記録しつつも自分を「合理的」な思考をしているとうぬぼれていたかもしれません。しかし今では、当時よりずっと深く韓国のトラウマを理解できるようになりました。

一部の日本の方は、過去に関して「事実」を提示して、それこそが「真実」だと主張しています。もちろん、歴史上の事柄をめぐる研究・再確認は何度でも試みられるべきです。その過程で新たな認識を得ることも当然ながら大切です。しかし、「歴史」という名の人間の体験の積み重ねは、たとえ時間と空間を共有していたとしても、回想・記憶・語り・記録の段階において、そこにいた人の数だけ異なる形を取るものです。そういう意味では一つの変わらない「ファクト」や「真実」など、存在しないと言い切っていいかもしれません。歴史家はあくまでも、残された資料をもとに、それに対する自分の「理解」を書いているにすぎません。実際、『メタヒストリー――一九世紀ヨーロッパにおける歴史的想像力』〔岩崎稔訳、作品社、二〇一七年〕を書いたヘイドン・ホワイトは、歴史家もまたプロットなど「文学」の語り方に頼りながら歴史を書いてきたのだと指摘しました。

もっとも、歴史は事実の記録を目指しますが、そもそも歴史において一つしかない「真実」はありえません。研究の進展によっても、いくらでも書き換えられるものです。しかしその際、変えられないものがあります。歴史における他者との向き合い方が倫理的かどうかという問いです。この意味でも、書き換えや解釈の根底にあるのが単なる自己肯定であるとしたら、それは過去の他者を現在の自分のために利用したことにしかなりません。

この本ではこうしたことを数々指摘しましたが、同じことが今日の日本でも少なからず見られることを残念に思います。

あるべき日韓関係を模索することは、どのようにして他者と出会えるのかを考えることでなければなりません。二〇年前、私は韓国人に向けてこう書きました。

「加害者の立場に立たされてしまった日本人は韓国よりも不幸だ、という見方をしてみてはどうだろう。そうすれば多少は心に余裕が生じるはずである。被害者としての経験はまぎれもなくトラウマであるが、加害者としての経験もトラウマであることに変わりはない。自国の過去をトラウマと認識しなければならない日本人——むろんそれを栄光に満ちた過去と認識している愚かな人たちも多いだろうが——の苦悩を理解する努力をしてみてはどうだろうか」（三三三—三三四頁）

これは、あるいは傲慢な考え方かもしれません。しかしたとえば人を殺すことがまぎれもなく自分の中に傷を残すことであるのと同じように、「加害者」——傷つけた人も傷つくものです——の傷をも理解したいと私は思っていました。しかし、傷を持っているのは必ずしも韓国人だけではないとするこうした考えは、必ずと言っていいほど反発されます。日本と韓国を同列に置くのは、その力関係の「非対称性」を見ていないからだ、と。

とはいえ、そのときの「非対称性」とは、あくまでも「日本人」や「韓国人」を一つのナショナル・アイデンティティとして考えたものでしかありません。ひとはナショナル・アイデンティティ以外の多様なアイデンティティをたくさん持っています。しかし近代以降、「国民」教育が盛んになると、そうした別のアイデンティティは、ナショナル・アイデンティティに比べれば取るに足らないものとして扱われました。「何々人」というアイデンティティの前で「女性」やその他のアイデンティティは影を潜め、沈黙を強いられることになったのです。

しかし、「日本人兵士」や「日本人女性」としての自己を意識するとき、民族アイデンティティがもたらしたさまざまなことを忘却すべきではないにしても、加害者だからといってその傷についての思いや関心が否定されていいはずがありません。韓国人の持つ傷がなかなか治癒されないということで非難を受けるべきではないのと同じように、加害者の思いに対する抑圧もまた、正当化されるべきではないのです。

三〇年にわたるポストコロニアリズムの時代を経てきた今こそ、こうしたことも自由に話せる空間が必要だと私は考えます。そこではできるだけ、すでに持っている知識や感情に距離を置いて話せる（そのことを目指して私は五年後に『和解のために』を書きました）ことが望ましいでしょう。

一九九〇年代の韓国は、過去が「清算」できるものと考えていました。総督府破壊がその最大の象徴でした。しかし、一度通り過ぎた歴史は当然ながらいつまでも存在するのであって、その歴史に対する人々の感情の処理の仕方は人の数だけ違います。そういう意味では歴史のきれいな「清算」などできるわけがありません。

私はいわゆる歴史の「当事者」ではありませんが、当事者や当事者の子孫たちから譲り受けた怒りや悲しみを引き継ぐことで、「当事者」でありうると考えます。実際に、いわゆる「国民感情」とは子孫たちの「当事者」感覚のことにほかなりません。しかし、そのような「当事者」は実際の当事者と異なるだけあって、少しは自由に振る舞えます。「当事者」が本格的に可視化されたポストコロニアルの時代には、当事者を単に代弁したり、逆に当事者を通り越して自分の考えや感情をあたかも当事者のように主張して、実際の当事者を排除してしまうことが多々見られました。しかし、そのどちらでもない立ち位置こそが、真の意味で他者〔隣人や過去〕と出会うのを可能にしてくれるはずです。代弁とは、「語る権力」でもあるからです。

そのような立ち位置に身を置いたとき、その中心にいる「他者」とは、亡くなった人、そして未来にやってくるはずの人たちです。なぜなら、亡くなった人たちは声を与えられずに亡くなったのであり、いまだ生まれない次世代の意思もまた私たちには確認できないからです。亡くなった人は当時を生きながらも声を発することができません。だからこそ誰かに耳を傾けてもらう権利があります。私たちにはその声を聞き取る責任があります。その意味でも、歴史に翻弄され死んでいった人の心の傷や願い、まだ生まれない人の願いを想像することを忘れないようにしたいものです。そこで初めて、私たちは現在の自分中心の考え方、過去を正当化したい欲望から抜け出して、本当の意味で他者に向き合えるはずです。

4

たとえば本書で引用した「『日本書紀』こそ嘘八百の本である。けれども、『正直に嘘を書いている歴史書』だと言える」〔九五頁〕という文章には、前述の意味での「他者」がいません。そのずっと先には限りない現在——自己肯定のみがあります。それでは、正しい意味で過去と向き合ったことにはなりません。あくまでも現在の自分を肯定したいために過去が利用されているだけです。

現在の自分を肯定したい人たちは、とかく過去を勝手に解釈して利用します。たとえば、過去の問題をすべて日本の責任とする韓国人がいるのと同じように、過去の問題をすべて日本の責任とする日本人もしばしば見られます。私はこのような考え方を帝国主義的温情主義と呼んでいます。それは善意から出発していますが、一部の日本人による露骨な韓国差別・朝鮮差別と本質的にはさほど変わりません。

現在の日韓関係を悪化させているのは、まさにこうした両極端の考えや態度だと私は考えます。つまり、温情主義もまた裏返した差別主義でしかなく、必然的に甘えを許すことになります。このような関係は当然ながら、対等で健全な関係をつくれません。日韓の「非対称性」とは、じつはこうした帝国主義的温情主義者たちがよく口にすることです。しかし、「非対称性」をいつまでも維持させてしまうのは、ほかならないこの温情主義です。この本で示したさまざまなことを「植民地トラウマ」によるものと考えていいなら、このトラウマからの回復を妨害しているのは差別主義者だけではないのです。

もっとも、構造的には一緒でも、被植民者のトラウマをまったく理解しない人たちと加害者のトラウマというべき感情に苛まれている人たちとを同列に扱うことはできません。それでも、このようなことを考えない限り、日韓関係の改善は難しいと考えます。日韓が本当の意味で向かい合えるのは、こうしたトラウマ（帝国主義的温情主義もまたトラウマの表れ）からお互いが自由になるときのはずです。

差別主義や温情主義によく見られるのは、他者を単純化してしまうことです。人間というものは今日と明日とで変わるかもしれない複雑な存在です。しかし、他者を単純化する態度はそのような人間の複雑さを見ようとしません。目の前にいる他者は不変で透明な存在と考えます。けれども他者をそう見ることは、目の前の状況を十分に理解することを妨げます。むしろ、状況の本質から限りなく遠ざかることになるのです。帝国主義の本質は言うまでもなく、自分自身さえも見えなくしてしまいます。

ここ二〇年間、韓国においては「歴史の立て直し」への関心が、一九九〇年代以上に大きくなりました。鉄杭を引き抜く運動はもはや公にはなりませんが、代わりに一九一九年に上海に臨時政府ができた時点を現代の韓国の出発点とする考え方も定着しつつあります。私はこの考え方に賛成しませんが、だからといってそうした考え方を「嘘」と見なすことにも賛成しません。重要なのは、出発点をどこに置くのかではなく、そのようにして「出発点」を求める試みの中身――多くの場合は正統性争い＝権力争いを支えます――を知ることでしょう。歴史理解が過去を理解するためのものではなく、現在（自分）を正当化するためのものになっていないかと問うべきです。歴史を知ることは、過去に生きた人々を理解し、その理解のもとにより多くの人が抑圧されずに生きていける未来をつくるためのものでなくてはなりません。

この序文を書いていたとき、日本人が嫌う国の三番目に韓国があがったという記事を目にしました。韓国でも、同じような状況であるはずです。そうした中で、どのようにして次世代のための平和な空間をつくっていけるのか、そのためにどのようにして相手を理解しうるのか、この本がそのことを考えるための小さなヒントになれば幸いです。諦めや断交は易しく、よい関係を築くのは難しいものです。しかしだからこそ、難しいことに挑戦したいものです。諦めや絶望に打ち勝つことこそが、あらゆる関係を豊かにし、新たな未来を開いてくれるはずだからです。

5

幸い、単行本刊行から二〇年も経っただけあって、日韓をめぐる状況はかなり変わりました。たとえばこの間に韓国は経済的に大きく成長をとげ、二〇二〇年一月現在、さまざまなひずみは見えてきていても、経済成長に支えられて文化も大きく成長しています。今や映画やKポップと称される大衆音楽も、日本を含む世界の若者たちに受け入れられるようになりました。あの頃とは比べものにならないほど質のいい商品も生産できるようになりました。子供たちの将来への夢も以前より素朴なものに変わりました。韓国を代表するソウル大学にも、日本語や日本について学べる専門学科や研究所ができましたし、植民地時代の建築物も、むやみな破壊ではなく保存のほうへ向かっています。

何よりも、今や韓国でもナショナリズム批判は珍しいものでなくなり、一部ではそれを嘲笑する風潮さえ見られます。当時の純潔主義的な考え方も少なくとも表面的には消え去り、国際結婚のカップルを見るのは珍しいことではなくなりました。昨年以降の日韓関係悪化の影響を受けてかなり減りましたが、それまでの一〇年間は日本への旅行客が爆発的に増え、九〇年代には多くの人が持っていた日本大衆文化への警戒心も今やすっかり消えたように見えます。ここ一〇年、韓国の人々は映画だけでなく、日本のドラマや料理を日常の中で楽しむようになりました。

日本をめぐる情報の質も変わり、日本理解も二〇年前とは比べものにならないくらい深まっています。日本の学術書が次々と翻訳されるだけでなく、韓国人専門家による日本研究書もかなりの量に至っています。いまだ十分とは言えませんが、一部のメディアを含む社会の隅々で、日本のことを正確に理解しようとする人々も年々増えています。

そうした状況を前向きに考え、現在の日韓の葛藤を乗り越えていきたいものです。

長くは七五年間、とくにここ三〇年間の日韓関係について考え、それぞれの責任を考え続けたいものです。自分自身で考えなかった責任、沈黙した責任、もっと積極的に関わらなかった責任。この本も小さいながらそうした試みの一つでした。

二〇〇五年に出た本書の日本語版元本は、韓国語版にあった短い日本文学論を省略したまま刊行されました。今回の文庫版ではそれを自分で翻訳して入れることができました。簡単ながら、文学理解がその国の理解において大切な通路になると考えて書いた小文です。

ついでに元本の翻訳を少し手直ししました。韓国向けに「私たち」としたところを「韓国」に直し、表現などを簡潔にしました。しかし内容は変えていません。そして、タイトルを『韓国ナショナリズムの起源』に直すことになりました。本質的なものと考えられている韓国の（対日）ナショナリズムが冷戦崩壊後のものであること、現在に続く日本を媒介としたナショナリズムが、あくまでもそれまでの（朴正熙式＝帝国日本式の）民族主義教育と新たな日本観に基づくものであること、そしてそうした流れはいつかは変わる、という意味を込めてのことです。「起源」を見つめることで現在への理解が深まることを願います。

もっとも、起源が本質的なものになるには、正しい情報と、自分と他者を理解しようとする努力が必要です。そういう意味でこの本が日本の方々にも普遍的な話として受けとめられ、「他者との出会い方」として受けとめられることを願っています。

今回、解説を作家の高橋源一郎さんに書いていただけたことは、この本にとって大変幸運なことでした。というのも、高橋さんは私の別の本『帝国の慰安婦』の日本語版を誰よりも早く高く評価してくださった方だからです。拙い本に共鳴していただけたのは、〈文学の力〉のなす業だったのではないかと考えています。忙しい時間を割いて本書を読んでいただいた高橋さんに、この場を借りて深く感謝申し上げます。

この間、この本を翻訳していただいた安宇植さんと、河出書房新社への版権をまとめていただいた萩原実さんは、亡くなられてしまいました。一五年目にして文庫版刊行の運びになったことをお二人に報告したいと思います。そうした報告ができるように新たに声をかけてくださり、一五年前にはできなかった対話を重ね、「今、ここ」でも必要な本になるように助けていただいた河出書房新社編集部の揖木敏男さんにも感謝の言葉を送ります。

二〇二〇年一月二二日　曇り空の東京にて

朴裕河

韓国語版　序文（二〇〇〇年）

わずか二年前、この地で日本文化の開放（規制の解禁）を反対する声が支配的だったことを覚えているだろうか。そのとき、多くの人は「品の悪い」日本文化が輸入されると韓国の「民族精神が損なわれる」と憂慮した。しかしある日本文化が一〇〇万人を超える観客を集めたことがあっても、そのことが韓国人固有の「精神」を損なったという話は今のところ耳にしない。「暴力的」で「好色的」な日本文化のせいで、開放以降の韓国人が暴力的で好色的になったという分析もまだ聞かない。

日本の漫画や映画に少しでも接したことのある人なら、むしろ日本人の暴力と性の表現が韓国人のそれより過激ではあっても、そのほとんどは（言うまでもなく例外はある）単なる暴力とゆがんだ性の讃歌というより、暴力と性が時としてどのように人を傷つけるのかを示すためであることを知るはずだ。何よりも、日本文化の要素は暴力や性に限られていないという、あまりにも当然のことに気づくのではないだろうか。たとえば映画『SFサムライ・フィクション』は、自分たちの伝統に対する現代日本人の見方の一つを示してくれた。そのことは、現代を生きる韓国人が一〇〇年前の韓国人ともはや同じでありえないように、現代の日本人もまた過去の日本人とは異なるという事実を示す。言うならば、この映画は韓国の人々が想像してきた均一の「日本」はもはや「ない」〔日本版注：本書に『日本はない』〔日本には学ぶべきものが何もない〕という書物が出てくる〕ことを突きつけてくれたと言ってよい。

そうであるとすれば、あれほど繰り返され強迫観念でさえあった多くの韓国人の憂慮はいったい何によるものだろうか。端的に言えば、じつはそのほとんどは「想像」の産物だった。日本に対する否定的な想像が、そのような過大な憂慮を生んだのだと言っていい。そしてそれを誰が生み出してきたかを考えると、少数の知識人の意図的あるいは無意識的な歪曲と表象を、再確認もせず疑問も持たずにそのまま受け入れて再生産してきたメディア、そしてそのメディアの情報をまったく疑わずに受け入れてきた消費者自身だった。その背景には、言うまでもなく開放以降五〇年以上もの歳月が過ぎるまでまったく変わることのなかった、ナショナリスティックな反日教育がある。

もっとも、正しい指摘なら反日であれ日本批判であれ問題視することはない。しかし長い歳月が流れる間、韓国における反日言説はつねに、理性的であるより感性的、論理的であるより飛躍的で、しかも実体が確認できない虚像に向けての批判である場合も多かった。韓国の日本批判が、日本の共感と反省を導き出すよりも反発として返ってきたのも、まさしくその結果である。

問題は、日本をあるがままに見ることができないことが、韓国自身を見極めることさえも難しくしていることにある。日本を歪曲・曲解する言説の多くは、韓国の被害意識をより強くさせ、いつまでも劣等感を捨て切れないように仕向け、その反発として誇大な優越意識を持ち続けるよう仕向ける。イデオローグたちが回復し切れていない自らの傷をほかの韓国人と共有しようとした結果、多くの場合、韓国で問題となる状況の再生産が続いた。

この本は、そうした問題意識から「日本」をキーワードに一九九〇年代―二〇世紀末韓国の「精神分析」を試みた本である。第1章ではメディアと一部の人たちがどのように日本について問題のある説明をしてきたかを、第2章では日韓の懸案をめぐる言説にどのような問題があったかを、第3章ではそうした誤解と歪曲願望の元になっている韓国の日本観を、第4章ではこのすべての現象を支えている韓国のナショナリズムについて考えてみた。

誰もが二一世紀への夢に胸を膨らませている今、どうしていまさら過去の話かと思われる人もいるかもしれない。しかし過去を見ずに本当の意味での未来は来ない。外見が異なるだけの過去が反復されるだけだ。そのとき繰り返されるのは多くの場合、また別の過ちにつながる、賢明とは言えない行動である。その意味でこの本はおもに過去について考えてはいるが、その過去とは「異なる」未来のための本である。

この本は、日本を擁護するものに見えるかもしれない。しかし私には誰かを「擁護」しようとする気持ちはなかった。単に、私が先に知ったことを伝えたかったまでである。この本では具体的な対象になっている結果として批判が韓国に向けられているが、ここで扱ったことは、時代と空間を超えて言いたかったことでもある。私の関心はただ、他者との「共存」にあり、それを妨害するものは何なのかを探すことにあった。

日本に対して根強い反感を持っている人々、あるいはあるこだわりからなかなか自由になれない思いを持つ人々に、この本がまず読まれることを期待している。また、今でも変わらない反日教育を受けている学生や若者たちにも送りたい。若い人たちがこの本を通して、傲慢と偏見から抜け出して理解しようとする心でもって他者を見ることのできる成熟した思考を持つ韓国人になってくれることを、そしてそのことによって世紀末韓国の反復ではない、新しい時代をつくっていってくれることを、切に願っている。その意味でこの本は、私自身が批判する「民族」的衷心にあふれる（！）

アイロニカルな本となった。

この本が出るまでには鄭讃容さんの助力があった。原稿の最初の読者だった鄭さんは、過分なほめ言葉で励まし、怠け者の私に代わって、この本が世に出るまでの労を惜しまなかった。長い時間を隔てた再会だったにもかかわらずすぐに意気投合できたのは、おそらく彼が出した本の底に流れるメッセージに共感したからであるはずで、それはコミュニケーションとしての「本」の効用を再確認するきっかけでもあった。

また、この本で扱ったいくつかの問題について一緒に考え議論した一九九九年二学期の世宗大学日本文学科の学生たち、イラスト掲載〔原書〕を快諾していただいた三留まゆみさん、韓国をめぐる日本の資料を提供していただいた伊藤政彦さんにも、この場を借りて感謝の言葉を伝えたい。

最後に、本の趣旨を理解して、即出版を提案していただいた社会評論の尹哲浩社長、粗い文を細やかにチェックしていただいた鄭宗柱主幹にも感謝を伝えたい。「出会い」の喜びを味わわせてくれたこの本が、さらに新たな出会いにつながることを願いたい。

二〇〇〇年七月七日　日韓の真の出会いを願って

朴裕河

第1章　うたうナショナリズム

1　「鉄杭」事件を考える

一九九〇年代の韓国で、韓国人の反日意識を高めることに最も寄与したのはおそらく、「鉄杭《てっくい》」だろう。以前ほど見かけなくなってはいたが、たとえば二〇〇〇年五月二四日付『韓国日報』にも「農村を結束させた日本帝国時代の鉄杭」とあるように、九〇年代韓国の新聞紙上には「鉄杭」という言葉がたびたび登場していた。そしてこの「鉄杭」をめぐる言説は、真実かどうかの確認もないまま誰もが真実と思い込むようになっていたのである。鉄杭を掘り出す運動が国民的な運動にまでなったのにはそうした背景がある。

「鉄杭」言説というのは、一言で言えば、かつて日本が朝鮮民族の「精気」を断ち切ってしまおうとして朝鮮半島の津々浦々に鉄杭を打ち込んだという内容だ。そのことはそのまま「風水侵略」と称され、旧朝鮮総督府の庁舎もやはりそうした風水侵略の一例だったと、韓国人のほとんどがメディアの伝えるままに受けとめ、そして信じてきた。

私の知る限り、事件は一九八五年に起きた。その年の二月、ある山岳会の会員がソウル近郊にある北漢山《ブッカンサン》の白雲台《ペクウンデ》の頂上で、「日本帝国が打ち込んだ」（和訳は著者。以下同）。長さ四五センチ、直径二センチほどの「鉄杭」を発見し、抜き取ることに成功したのである。発見者の大学教授（西京大学の徐吉洙《ソギヨンソキルス》教授）という身分がおそらくこの話を信じ込ませることに大きな役割を果たしたはずだが（思えば数々の問題はこうした「知識人」の問題でもある）、この「発見」は話題になった。それ以降、同じような鉄杭が見つかったという報道が相次ぎ、「鉄杭」の「風水侵略」の話は全国に広まるようになる。徐吉洙教授は山登りが趣味で、山歩きの際にこれを発見したそうだが、その後「われわれを考える会」という市民団体までつくって、鉄杭を探しまわる作業に本格的に取り組むようになる。しかし軍政権下の八〇年代の韓国は「民主化」が強く求められていた時代で、民族よりも「民衆」問題に関心が強かったせいか、こうした動きはさして注目されなかった。「鉄杭」の問題が世間に広く知られるようになったのは、民主化をとげてからの九〇年代以降のことである。

「名山の脳天」に鉄杭

一九九二年八月一五日付『ソウル新聞』は、「日本帝国主義者による風水侵略の残骸を取り除き……民族の精気を取り戻す――名山の頂上に打ち込まれた鉄杭を引き抜くこと一〇年」という表題のもとに、「日本帝国が断ち切ったわれらが名山の脈を生き返らせよう」という内容の記事を載せている。

国中の山河を歩いてまわり、日本帝国主義者がわれらが名山の脳天に打ち込んだ鉄杭を引き抜く作業を一〇年間も続けている人々がいる。わが民族の精気を取り戻すために先頭に立ってきた「われわれを考える会」の会員たちである。

具《ク》会長以下この会の会員たちは、民族解放四七周年を迎えた去る八月一二日から、日本帝国の悪賢い「風水侵略」の傷痕のある俗離《ソンニ》山《サン》の文蔵台《ムンジャンデ》に登り、頂上に打ち込まれている鉄杭の除去作業を進めている。（中略）

北漢山を調べに登った会員たちは、白雲台の頂上のここかしこに打ち込まれている得体の知れない鉄杭を発見した。そして、これらの鉄杭の正体を探り出すためにさまざまな資料を集めて考証を進めたすえに、わが同胞の精気を遮断するために、日本帝国主義者が打ち込んだものであることを探り出すに至った。（中略）

これまで抜き取った鉄杭の中で、比較的、保存状態が良好な一五本は独立記念館に寄贈して、歴史の教材として活用してもらうことになった。（中略）

確認した資料などを調べてみると、風水侵略のやり方にもいろいろあり、山の脳天〔頂上〕に鉄杭を打ち込んだりするほかに、地相学的に竜脈の精気が集まっている尾根の穴にそれを塞ぐ構造物を据えつけたり、鉄を溶かして山の峰に流し込んだりするなど、悪賢いという以上に身の毛がよだつほどであった。（中略）徐吉洙教授は、「今後はこの作業を国民全体の運動にまで広げて、日本帝国による侵略の残滓を取り除き、民族的な誇りを高めるきっかけにしたい」と語った。〔傍点は引用者。以下同〕

この記事をまとめると次のようになるだろう。

「悪賢い」日本が韓国人の「民族的な精気を遮断」するために国中の、ただの山ではない「名山」の、しかも「脳天」に鉄杭を打ち込んだ。そしてそれは、韓国人の心に「身の毛がよだつほどの」衝撃を与え、癒えない「傷痕」を残した。であればこそ、そうした「残滓《ざんし》」を取り除くことによって、「民族的な誇りを高め」ようとする人々がいる（何と立派なことだろうか）。

こうした表現に接しただけで、普通の韓国人なら憤慨せざるをえなかっただろう。いったいどうしてこんなひどいことを……？　性悪な日本人のやつめ……！　おそらくほとんどの韓国人がこうした反応を示したはずだ。

しかし、読めば読むほど不思議な記事だ。そもそも「われらの名山」というのは、どこを指すのだろうか。山の「脳天」というのはいったいどの辺のことなのか？　そもそもそれを誰が決めたにせよ、そうした命名権力がその人に与えられていいのか。「風水侵略」という発想は風水思想を信じてこそ可能だが、この記事を書いた記者はそれを信じていたのだろうか。「さまざまな資料を集めて考証を進めた」と言うが、「さまざまな資料」について具体的な説明がないのはなぜなのか。そもそも、鉄杭を引き抜けば生き返るという「わが民族の精気」なるものの中身についての説明が何もない。さらに、「日本帝国主義者による侵略の残滓を取り除いて民族的な誇りを高めよう」ということは、それまでの韓国が、その「残滓」のせいで「民族的な誇り」を持てなかったことになる。

確かに言えるのは、この記事を書いた記者が実際に風水説を信じていたからでなく、無意識のうちに「われわれを考える会」の人たちの主張を正しいものとして受けとめたということである。だからこそ、事実関係の確認もしないまま、情報の提供者が語るままに「鉄杭」を日本の風水侵略の残滓だと、信じ込んでしまったのである。だからこそ記者は「身の毛がよだつ」のであり、「悪賢い」行為と感じたのだろう。

韓国メディアのこうした姿勢は、韓国人の九〇年代における反日意識を高めることに最も大きく寄与した。日本と関わる事柄の場合、事実関係を調べることもなく告発し糾弾し、国民の感情を代弁するようで自ら「国民感情」をつくり出すことの先鋒に立っていたのである。この記事はその典型的な一例である。

一九九三年九月一三日付『朝鮮日報』紙は、「国立公園俗離山文蔵台の岩と岩の間に打ち込まれている鉄杭は、日本帝国主義者がわが国土の血脈を断ち切って、民族の精気を抹殺するためのものだったとして、『われわれを考える会』の会員たちは一一日と一二日の二日間にわたり、これを除去する作業を繰り広げた」と紹介したうえで、一・八メートル間隔で打ち込まれている直径二・五センチの鉄杭七本を引き抜き、会員たちが「このような事実を天に報告し、もともとの地気を回復させるために、俗離山民族魂大祭を執り行なうことを予定している」と報じている。先ほどの『ソウル新聞』の記事では民族の精気の「遮断」と表現されていたが、ここでは「抹殺」となっている。意味の上ではさしたる違いはないだろうが、「遮断」より「抹殺」のほうが、〈日本帝国の悪辣〉さを強調するにはずっと効果的だ。

次は一九九五年二月一七日付『韓国日報』。

「民族の精気を取り戻そう――民族解放五〇年、統一へ、未来へ」

民族解放五〇年を迎え、民族の精気を生き返らせるための動きや催し物が多彩に繰り広げられる。旧朝鮮総督府庁舎の一部が八月一五日に取り壊されることになり、これに先立って三月一日、取り壊しの予告の式典が営まれる。

日本帝国主義者が民族の精気を遮断するためにわが国土の血脈のここかしこに打ち込んであった鉄杭を引き抜き、彼らによって変えられた地名を旧来固有のものに改める。政府は、こうした民族の精気を取り戻す運動を、今年の三・一独立運動記念日の記念行事の一つに加え、政府を挙げて推進することになった。(中略)『朝鮮風水地理書』によると、鉄杭が打ち込まれている場所は渇竜飲水形、つまり渇きを覚えた竜が水を飲んでいる形をした明堂の地――風水説で墓地や家屋に非常によいとされている地などであり、研究家たちは、「日本帝国が竜の鼻面にあたる地点に鉄杭を打ち込んで、優れた人材が世に出るのを妨げようとした」と見てきた。

ここでも「喉が渇いた竜が水を飲んでいる形」「明堂」「竜の鼻面」と、「研究家」たちが語るにまかせていかにもそれらしく強調されている。ただの竜でなく「喉が渇いた」竜が水を飲もうとするのを妨げたということだから、記事を読む人たちがさらに憤激するのは当然であった。

何よりもこの記事は、一九九二年に徐吉洙教授が希望したこと、つまり「全国民的な運動」が三年後にはついに現実化したことを教えてくれる。同時に、金泳三政権時代の強力なスローガンの一つだった「民族の精気を取り戻そう」とのスローガンがこの鉄杭と密接に結びついていたことにも気づかせてくれるのである。

このような一連の動きに疑念を抱いて確認作業に乗り出した唯一のジャーナリスト、『月刊朝鮮』（朝鮮日報社）誌の金容三記者によれば、鉄杭を引き抜く運動はもともと、慶尚北道庁によって八・一五民族解放記念事業として始められたもので、それが道知事と内務部長官（内務大臣）を通して、金泳三大統領に伝えられたのであった（同誌一九九五年一〇月号）。その後、金泳三大統領の指示があったのかどうかはわからないが、ほどなく内務部（内務省）から「民族の精気を回復する運動」の一つに指定されて、「鉄杭除去事業」と呼ばれる不思議な「運動」が政府の主導のもとに始められたのである。そして新聞各紙はこの事業について「民族の精気を回復することと民族の自尊を取り戻すため」（『朝鮮日報』一九九五年七月二一日付）と題する内務部の声明をそのまま掲載し、多くの人々がそのように理解した。

その後もメディアの論調は、「彼らの悪辣な策略は、旧朝鮮総督府庁舎の建物を通して総体的かつ象徴的に示された」「朝鮮民族の脳天に金釘を打ち込む」などの表現で、あたかも自らの「脳天」に鉄杭を打ち込まれるかのような集団記憶をつくり、それに伴って日本人の「悪賢さ」も繰り返し強調されるようになる。そして、日本人の悪賢さに対する強調は、鉄杭に限らなかった。

たとえば、一九九二年一〇月一七日付『朝鮮日報』は、文化財管理局が昌慶宮の一角にある蔵書閣を取り壊すことに決まったニュースを伝え、この蔵書閣が「朝鮮の気脈を抑え込むために、景福宮の正殿である明政殿そばの紫京殿を取り壊したあとに、日本の建築様式である天守閣を模倣して建てられ、博物館の書庫として利用されてきた」ものだと付け加えた。さらに、昌慶宮には直径五センチの太さの鉄杭が一・五メートル間隔で打ち込まれているが、ここは「宮内でも明堂の地として知られている場所」だとして、ソウル市の文化政策の関係者たちはそれらの鉄杭を、日本帝国が「民族魂の脈を断ち切るために打ち込んだものと推定」した。また、韓国風水地理開発中央会の会長は、「北岳山から昌慶宮に流れる脈を断ち切るために、縁起のよいこの地に日本帝国主義者が鉄杭を打ち込んだもののようだ」(『中央日報』一九九五年三月二五日付)と語っている。風水関係者たちがこのように論評するのは当然と言えるだろうが、新聞のみならず「文化政策の関係者」までが、さしたる確認もせずに、日本が残したさまざまな痕跡を韓国の「気脈を抑え込むため」のものと理解し、「悪賢い」日本人のイメージを膨らませていったのである。

事実と史実、そして真実と伝説

こうして、九〇年代初めから半ばまで、得体の知れない鉄杭は本当に日本が朝鮮を抑圧する目的で打ち込んだものなのかといった確認などないまま、鉄杭を取り除く運動は進められた。具体的な証拠は何一つ示されないまま、鉄杭の話は、いつの間にか

「事実」の次元を超えて誰にとっても自明の「史実」として定着したのである。

ところが先述の金容三記者の記事には、この「史実」の信憑性を疑わざるをえない話が紹介されている。「われわれを考える会」の会長によれば、「初めて鉄杭を見たときは、それが何なのかわからなかった。他人から話を聞かされたときも風説だと思ったが、白雲山の山荘のおばあさんから、一六歳のとき日本人が鉄杭を打ち込むところを見たという目撃証言を取ることができた。そこでそれ以後、三、四回にわたって山に登って鉄柱を抜き取ったところ、マスコミが取り上げて話題になった」という。最初の鉄杭に関する証言には、日本人が打ち込むのを「見た」とだけあって、「なぜ」打ち込んだのかに関する言及はなかったのである。

にもかかわらず、それ以後「われわれを考える会」はまるで鉄杭の専門家のように見なされ、鉄杭に関する情報があれば出かけて行って確認する役割をも果たすようになった。金容三記者によれば、同行してみると最近の鉄杭であったりする場合が多かったというが、そうしたことはほとんど報道されなかった。それはおそらく、鉄杭を引き抜くことがいつの間にか国を挙げての運動となり、公務員の実績と見なされるところまで行ってしまったからであろう。なかには会が植民地時代の鉄杭ではないと判定したものすら、日本が打ち込んだことにしてほしいと頼まれる例があったと、金記者は伝えている。

しかも、鉄杭にまつわる言い伝えは、ＭＢＣテレビの「植民地時代の三六年、もう一つの歴史――日本帝国による風水侵略の実態を糾明する」という番組など、新聞よりもはるかに影響力の大きなメディアの支援まで得て全国に広まるようになる。新聞が載せた次のような読者投稿は、こうした言い伝えがいつの間にか国民的な「真実」として定着してしまっていたことを教えてくれている。

鉄杭は、日本帝国がわが国に優れた人物が誕生することを阻《はば》み、精気を断ち切るために山河の脈に杭を打ち込んだものであるだけに、多少の困難が伴おうとも、これを残らず引き抜いてしまわなくてはならない。（江原道、黄《ファン》某。『東亜日報』一九九七年一月七日付）

あるいは次のような断定。

日本は韓国を侵略するために歴史・風水地理などを熱心に研究した。侵略後はあらゆる官舎を縁起のよい明堂の場所に建てた。日本帝国は「上日下韓」の意識などを植えつけるために、実に巧妙な手法を用いた。日本は鉄杭を位置標識であるかのように見せかけたが、実際の目的が精気の抹殺にあったことは明らかである。

（ユ・ワンギ、「韓国わが民族史研究会」研究委員。『東亜日報』一九九九年六月七日付）

これは「われわれの問題」を研究しているとする人物の発言だが、内容は研究結果というより、すでに世間に流布している認識でしかない。

しかし、家を建てたり墓地にするのに縁起のよい場所という意味の「明堂」とされている王宮の敷地の中に朝鮮総督府の庁舎を建てたばかりでなく、朝鮮の「名山」をも破壊したのは日本人なのだから、彼らがいつまでも栄えに栄えてこそ、風水地理説の原則と一致する。だが、その日本人は一九二六年一月六日に朝鮮総督府の庁舎が竣工して以降二〇年足らずしか権力をもちこたえることはできなかった。もちろん、そのことを地脈や地気が本来の主を覚えていて、その主たる韓国人にだけ好ましく作用したと解釈していいわけではない。そうだとしたら、民族が解放されてから半世紀も経ったとき、今さらながら旧朝鮮総督府の庁舎を取り壊す必要もなかっただろうから。

鉄杭＝民族の精気破壊説というのは、朝鮮人の反抗を恐れた日本帝国が、「朝鮮民族を率いる人材が生まれないように鉄杭を打ち込んだ」というものでもあるが、こうした風水侵略説が説得力を得るためには、鉄杭の発見者やこれに追随する人たちが風水説を信じていなければならないのと同じく、鉄杭を打ち込んだ日本人もまた、それを信じていたという前提が必要となる。

しかし、当時の日本には風水への信仰などなかった。風水研究家たちは、韓国人の風水信仰を知った日本人が、これを利用して士気をくじくためにやったことだと主張しているが、有名な村山智順の研究書『朝鮮の風水』〔韓国では一九九〇年に民音社から訳書が出版された〕が書かれたのは、一九三一年のことである。ところが、白雲台に鉄杭が打ち込まれたのは一九二六年だという。鉄杭は、日本人が韓国の風水信仰のことをよく知る以前に打ち込まれた可能性が高いのである。

たとえ日本人が、いわゆる韓国併合の前から朝鮮の風水信仰を知っていたとしても、だからといって、それを利用して鉄杭を打ち込んだと断定するのはまだ早い。仮に、日本人が何らかの目的をもって鉄杭を打ち込んだとしても、それが韓国の気脈を封じるためのものであったとは、にわかには断定しがたいのである。

金容三記者の記事は、発見された鉄杭の中には、一九四五年八月一五日の民族解放の日を迎えてから、別の目的で日本人ではない複数の韓国人が打ち込んだものも少なくなかったことを推測している。何より鉄杭に関してはっきりさせてしかるべきだったのは、誰が打ち込んだのかということと、何のために打ち込んだのかということだったはずだ。

徐教授が収集した、日本人の風水侵略を「裏づける」と言われる事例を見ると、その侵略の道具と見なされていたのは鉄杭だけではなかったことがわかる。「日本帝国の風水侵略史」（ムック・親日問題研究創刊号『日本帝国の残滓十九』所収。ガラム企画、一九九四年）によれば、一九八五年三月から一五四件の事例が収集されたが、そのうちの六二件が日本人によるものであることが判明したという。どのようにしてそれが判明したのかという説明はないが、ともかくもこの文の筆者が整理した「風水侵略調査現況表」を見てみよう。

まず頻繁に目につくのは「脈を刺した」「脈を切断した」という表現である。これは気脈を断ち切るために山の尾根を切断したという意味だそうだが、その方法は多様をきわめる。

たとえば「灸をすえる」という言葉が目に入る。これは「山に穴を掘って、数日間そこに火をくべること」を指す。このほかにも「鉢を伏せて埋めた」「溶かした鉄を注いだ」「首筋を切った」「鉄の串」「道を通した」「炭壺」「明太《めんたい》や絹糸を埋めた」「鱈《たら》の頭を埋めた」「鱈を布でくるんで埋めた」「鉄の把手《とって》」「九つの穴を掘って精気を通した」「鉄の棍棒」「峠の稜線を切断した」「胞衣《えな》に巻きついた糸を掘り出した」「舎利塔を支える亀の足指を切り落とした」など、じつに多様をきわめる。

しかしこうしたこれらの行為からは、「近代」の名のもとに韓国を侵略した日本よりも、「前近代的」な韓国の巫俗《ムーソク》の匂いがする。日本帝国がわざわざ山へ出かけて鉢を伏せて埋めたり鱒の頭を埋めたりしたと言うが、こうした呪術的な匂いのする行為は、統治者、つまり権力を手中にしている側や、面と向かって堂々と政敵に立ち向かうことができる人物ではなく、それができない者たちが人目を忍んで行なう場合がほとんどである。

「日本帝国の風水侵略史」でなおのこと興味深いのは、備考欄である。ここには「韓石峯が学問を修めた場所」や「南怡将軍生誕の地」などという表現が見える。「韓石峯」とか「南怡将軍」などの固有名詞は言うまでもなく、韓国の偉人に危害を加えようとしたものだということを強調するために登場させたはずだが、日本がはたして韓石峯が学問を修めた場所まで承知していたのだろうか。ましてや地中から「血がにじみ出た」「血が三ヵ月も流れ出た」（血にまつわる話は、明の武将・李如松（豊臣秀吉が朝鮮を侵略した折に明の援軍を率いて朝鮮に出兵した）が杭を打ち込んだという言い伝えの中にも少なからず出てくる）とか、「飴を買って食べようと、抜き取りにまわった」「山の神様にひどい目にあわされた」などの表現もある。ここまで来るともはや真実というより伝説と言うべきだろう。

　金容三記者が伝えている慶尚南道馬山《マサン》市の舞鶴山《ムハク》で発見されたという鉄杭にまつわる話にしても、「飴売りが鉄杭を切断して大きな鋏《はさみ》をこしらえたが、その鋏をいっぺん広げて閉じたとたん、飴売りはその場で血反吐《ちへど》を吐いて死んでしまった」という挿話まで含まれている。この「伝説」としか言えない鉄杭を抜き取ることに、韓国放送公社（KBS）は六〇万ウォンを支援した。

ところで、日本人ばかりでなく中国人（李如松）も風水侵略を試みたとは、耳馴れない話である。ずっと古い時代の話だからか。

むろん、そうではない。四〇〇〇年も前のこととはいえ、豊臣秀吉の壬辰・丁酉倭乱〔日本で言う文禄・慶長の役〕のことはよく知られているからだ。

歴史における「事実」なるものは、実のところ少なからず選別され、その過程で誇張される。韓国の場合、選別され刻印され、いつまでも脳裡に残るようになっているのは、中国ではなく「日本」だったことをも、この調査票は示している。

帝国主義の本質を見失った「民族の精気抹殺」論

歴史学者の李離和《イイファ》は、「民族精気の抹殺」論を根拠のない説とし、鉄杭は「地図から海図を作成」するためのものだったろうと述べている。（『李離和の歴史風俗紀行』歴史批評社、一九九九年）

日本が打ち込んだという鉄杭は、道標、道路づくり、あるいは鉄道敷設の測量のためのものだったのではないだろうか。そしてもしそうだとすれば、鉄杭はたしかに植民地支配の第一歩ではあった。このことと関連して、日本人が鉄道を敷設することで気を切断したために偉人が誕生しなくなったと信じる老人たちが今でもいるという事実は、示唆に富んでいる。「鉄路」は鉄であり、当時の朝鮮人たちは土地と金属とはけっして近づけてはならないものと思い込んでいた。鉄道を敷設することはすなわち「気」を切断することだというのは、当時の朝鮮人としては当然の理解であったろう。とはいうものの、道路と鉄道はたしかに、近代化の名のもとに行なわれた朝鮮「侵略」の典型であり、その意味で韓国人のアレルギーと恐怖は妥当なものだったとも言える。

近代化に出くわすことになって、朝鮮の人々に混乱をもたらした。そのせいで「風水侵略」に対する恐怖をさらに駆り立てられたのではないだろうか。日本人が朝鮮の気脈を断ち切ったせいで、もはやこれまでのように偉人や指導者が現れないという自虐意識と敗北感は、風水師たちが主張するように日本人から朝鮮の人々に植えつけたものというよりは、朝鮮側の解釈がなしたものと理解すべきだ。

風水師たちは、風水説を信じる韓国人の心理を利用して日本人が朝鮮人をして敗北意識に陥れたのだと言い、そのようなことこそが日本の意図だったのだと主張する。しかし、風水が朝鮮人の信仰だったとすれば、それを野蛮な国民の迷信として無視するほうが、いわば文明意識によって自らの帝国主義を正当化しようとした当時の日本の姿勢により似つかわしい。日本の行為を「悪辣な」意図を含んだ「風水侵略」だったと頭ごなしに非難することは、帝国主義の本質を見抜くことからかえって遠ざける。何本かの太い鉄杭が、それに刻まれた傷痕を強調されつつ独立記念館に保存され、堂々たる歴史的な事実として観客を迎えることになったのには、ほかならぬこうした経緯があった。そこには次のような、いかにももっともらしい解説までついている。

> 日本は武力によって韓国を併合して以来、植民地支配を固守するためにあらゆる稚拙な策動までをもためらわなかった。はなはだしくは、日本は英雄的な人物が名山の精気を享《う》けて誕生すると信じる民間信仰に目をつけ、鶏竜山《ケリョンサン》や北漢山など全国の名山の頂上に、見るもまがまがしい鉄柱を打ち込み、伝統的な信仰にもとづいた民族的な希望までも抹殺しようとした。（登り降り山岳会、引用は野崎充彦『韓国の風水師たち』東道院出版社、二〇〇〇年、韓国語版）

「はなはだしく」という形容詞は、鉄杭が日本の蛮行の中でもとりわけ悪辣な行為であると強調するための言葉である。しかし登り降り山岳会から寄贈されたということの鉄杭に関する解説を、独立記念館や学界はさすがに「史実」に基づくものと認めたわけではないようだ。というのも、一九九六年五月には鉄杭は早々に展示室から片づけられ、収蔵庫に保管されるようになったからだ。

しかし、登り降り山岳会のリーダーは「われわれが鉄柱を抜き取ったからこそ、韓国がよりいっそう発展したのかも知れませんな」（野崎充彦、前掲書、二二二ページ）と誇らしげに語っていて、彼が風水説を信じていることをうかがわせる。

先に挙げた『朝鮮の風水』の中で著者の村山智順は、「朝鮮文化の二面的で根本的な現象のうちの一つが風水であり、永らく朝鮮の民俗信仰の地位を守ってきたので、朝鮮半島のどこへ行っても信じない者はなかった」と書いている。独立記念館の鉄杭騒ぎは、そうした状況が、日韓併合から一〇〇年近く経った現代韓国にも当てはまるものだったことを雄弁に物語っている。

とはいえ、風水説を信じるならば、直径が数センチしかない鉄杭のことでなく、山の尾根などが掘り返され、ひっきりなしに高層マンションに変貌していく状況をこそ憂慮すべきではなかろうか。それらの中に「名山」は含まれていなかったのか。あるいは民族の精気が秘められた「脳天」を切断してしまいはしなかったのか。ところが、そういうことに気を配る建築業者が存在するという話は、もちろん耳にしたことがない。

韓国人にとって風水地理説というのは、せいぜい家を建てるに際して地形や方位の吉凶を判断したり、縁起のよい場所、つまり明堂を祖先の墓地に選べば代々の子孫が栄えるなどといった程度の素朴な信仰であった。しかし風水地理説は、結局のところ環境論であり運命支配論である。また、祖先を崇拝するかのように見えながら、その実、わが身の安寧により多くの関心を寄せる思想とも言える。もとより、環境をよくしようということに異存があろうはずはない。また、実際に環境が人間にどれほど大きな影響を及ぼすかということについても、知らぬわけではない。しかし、風水説が韓国人の意識をがんじがらめにする呪縛となっているとすれば、問題視しないわけにはいかない。マンションが国民全体の住居様式として定着するにつれ、また土葬に対する批判的な考え方が広がって以降、風水説は韓国人の暮らしとはほとんど関わりがなくなってきた。にもかかわらず、日常的にはとりたてて風水説など意識することなく過ごしてきた多くの人たちが、日本のこととなると風水説を信じている人々の言葉を信じ込み、日本人がこの国の「精気」を断ち切ろうとしたという主張を鵜呑《うの》みにしていたのである。

金泳三政権は結果的に、そうした風水説に依拠して国家の政策を決定したことになる。しかもマスコミと聴取者や読者のほとんどが、この流れに加担してしまったのである。

「正される」歴史とつくられる歴史

一九九九年春、当時の野党の李会昌《イフエチヤン》党首の先祖の墓地から鉄杭が発見された。風水師たちはこれに対して、昔から韓国では「対立している相手の子孫を呪って、しばしば彼らの先祖の墓地を破壊する行為をした」（『朝鮮日報』一九九九年四月一日付）と説明した。加えて彼らは、「墓地の半径五〇メートルまでの範囲に鉄塔を建てられるだけでも、その一族は災厄に見舞われるというのが風水地理上の信仰」であり、「日本帝国がわれわれの民族的精気を抹殺するために全国の名山に鉄杭を打ち込んだことと背景は同じ」であると、日本を引き合いに出すことを忘れなかった。

忠武公・李舜臣《イスンシン》一族の墓地の土中から出刃包丁と鉄の棒きれが発見されたときも、対応は変わらなかった。新聞は「李氏の一族郎党に対する怨恨か、一族内部の不和がもとで生じた事件」であり、「勢力のある人物の精気を借りて、難病を治癒させたり退治したりするために」行なったことだろうとしながらも、「日本の極右勢力によってなされたことではないかという観測も、注意深く提起されている」とした。そのうえで、「日本帝国が朝鮮を併合して呑み込んだのち、われらが名山名所に鉄杭を打ち込んだ〈前歴〉があるので」（『朝鮮日報』一九九九年四月二一日付）と、またもや日本によるいわゆる鉄杭打ち込み行為なるものを持ち出したばかりでなく、「前歴」という言葉でもってそれを既定の事実であるかのように表現していた。さらに続けて、「日本人が、わが国に人材が出現しないように精気を断ち切るために、名山大穴に鉄杭を打ち込んだという言い伝えは、壬辰倭乱〔文禄の役〕の頃からあった。日本帝国は鉄道を敷設する際にも、平坦な場所の代わりに故意に山腹をえぐり取って線路を敷いたりした」と、日本の「意図」をもう一度強調していたのである。

これらの言葉は、日本の大衆文化が解禁されて新しい時代が始まったかのように見える時期——紛れもなくそれは、過去への執着から脱皮したいという対外宣言であったはずだが——にも、他方では依然として反日意識をあおる出来事が相次いでいたことに気づかせてくれる。「助長」という表現を用いたのは、山の中腹にトンネルを通したことまで、なんらかの故意があってのことであるかのように解釈されているからである。同じことをしても悪意があったと解釈されると、その行為に対する憎悪の感情は著しく増幅するものだ。しかしそもそも、「山腹をえぐり取」らずにトンネルなど掘れるのだろうか。

今のところ、まだ事実関係は明らかにされていない。しかしながら問題は、事実が何かということではない。いまだに確認されていない事柄を国中の人々が寄ってたかって事実であるかのようにしてしまったこと、そして韓国人の多くが、そのような自らの姿を顧みることがほとんどなかったことにこそ問題はある。

一九九〇年代末の韓国では、鉄杭を抜き取るために活躍する人物を描いた『血脈』という小説までが書かれ、鉄杭をめぐる「悪辣な」日本人のイメージはとどまることを知らず広がっていった。そして民族解放の日から五〇年も経つ今になった時点で改めて浮上した気脈だの民族の精気だのという言説は、韓国の人々をして、まるでつい昨日まで日本人によって抑圧され踏みつけにされたかのような感情を覚えさせる。九〇年代の初めといえば、ソウル・オリンピックを終えて韓国人の誰もが先進国の仲間入りをする夢に胸を膨らませていた時期だった。いわば二〇世紀のうちで最も民族的な自信にあふれていた時期だったにもかかわらず、そうした感情も共存したのである。

そして、その抑え込まれてきた「精気」の想像は、怒りに満ちた反日感情をかき立てるのに最も適していた。「その小さな鉄杭に託されている悪辣な陰謀を考えると、怒りがこみ上げてくる」（記録文学会編『恥ずべき文化踏査記』一九ページ、実践文学社、一九九七年）と、現に韓国の若者は語ってもいたのである。

九〇年代の韓国はそのように、「民族の精気」という名の亡霊に取りつかれ、「歴史の立て直し」の名のもとに言い伝えや噂まで事実化して、史実という「新たな歴史づくり」に取りかかっていた。

2　破壊と喪失の間――旧朝鮮総督府庁舎の取り壊し

抑圧される身体イメージ

金泳三政権による「歴史の立て直し」をかかげた最大のイベントは、旧朝鮮総督府の庁舎を取り壊すことであった。

一九九三年八月一〇日付『朝鮮日報』紙は、「金泳三大統領は民族の誇りと精気を取り戻すために」、「旧朝鮮総督府の庁舎を取り壊すよう指示し、苦悩を重ねた末に下した決定であることを明らかにした」と伝えた。苦悩を重ねた理由というのは、「屈辱的な歴史も歴史」だから保存すべきだという意見を軽視するわけにはいかなかったことと、「財政上」の問題からであった。そして、賛成する国民は半数ほどでしかなかったうえ、一方では強力な反対運動が繰り広げられたにもかかわらず、大統領一人による「決定」どおりに事は運ばれていった。このことは韓国の大統領の権限の大きさを示す出来事でもあり、民主化をとげたとはいえ韓国がいまだ「民主化」しえていなかったことを示すものでもあった。

実際のところ、新たに建設するとなると数千億ウォンもの費用を必要とする、旧朝鮮総督府庁舎＝国立中央博物館の取り壊しと引っ越し作業に対する世論調査の結果は、「全面的に賛成が二八・九％、どちらかといえば賛成が二二・五％」であった。国民世論の五一・四％しか賛成していなかったわけである。それを意識したのか、同紙は、「しかし青瓦台〔ソウルの北岳山のふもとに位置する大統領官邸の略称〕のある関係者は、別の調査では旧朝鮮総督府の庁舎を取り壊すことに賛成する人が八〇％を超えたと語っている」とも伝えている。

もっとも、五〇％か八〇％かが問題なのではない。肝心なのは、どのような結論が正しかったのかにあるはずだ。問題は、「財政上の問題よりも民族の誇りを重く見た」という選択の根拠となったのが、風水学者たちの「民族の精気」崇拝論だったところにあった。

旧朝鮮総督府の庁舎を取り壊すことが政府によって決定されたときの、一九九三年八月一〇日付『中央日報』紙の記事を見てみよう。

一九二六年に竣工した、植民地統治の象徴である旧朝鮮総督府の庁舎を取り壊すことにしたという政府の方針に対し、風水地理学界では、首都ソウルの断ち切られていた精気を六七年ぶりにつなぎ合わせることができるとして大いに歓迎している。風水学者たちは、この建物は日本が朝鮮の地脈を断ち切るために建てた代表的な「風水侵略建造物」であると断定し、わが民族の解放とともにとうに取り壊されてしかるべきであったと語っている。解放以後、歴史学界ではこの建物の形状について、「上から見下ろすと〈日〉という文字が横に寝ている」「建物に円形ドームの屋根をかぶせることで、朝鮮人の魂を眠らせようとした」「景福宮〔北岳山の南側に位置している李氏朝鮮時代の王宮〕の精気を弱体化させるために、真南向きから故意に何度か歪めて建てられた」などと、たえず取り壊すことの正当性を訴えてきた。しかし風水学者たちは、旧朝鮮総督府の庁舎が取り壊されなくてはならない最も大きな理由を、建物の外形よりもその〈場所〉に見出していた。日本帝国主義者が朝鮮の王宮の、それも本宮であり明堂のなかの明堂である景福宮の鼻先に植民地統治の総本山である総督府の庁舎を建設して、北岳から鍾路、南山へとつながっていくソウルの地脈を断ち切ってしまおうとしたというのである。（中略）

日本はこの勤政殿〔景福宮のなかにある、即位の儀式などが行なわれる正殿〕のすぐ前にある光化門〔景福宮の南側正門。一三九五年に建てられた〕＝石築紅麗門を取り壊し、総督府を建てて民族の精気の根元を抹殺しようとしたという。とりわけ風水学者たちは、日本帝国主義者が総督府庁舎に次いで一九二七年には景福宮のなかの科挙試験場の建物などを取り壊して総督官邸〔現在の青瓦台〕を建て、「朝鮮の口を塞ぎ、首根っこを押さえ込もうとした」と解釈した（人体にたとえると、景福宮の領域のなかで総督府が位置する場所は〈クチ〉に当たり、青瓦台が位置する場所は〈クビ〉に等しいとする）。したがって、景福宮を取り壊す一方で総督府の庁舎と総督官邸を建てることによって、朝鮮王朝と民族の息の根を止めようとしたというのが、風水学者たちの一般的な見解である。風水地理の専門家である崔昌祚《チエチヤンソ》氏〔前ソウル大学教授〕は、「当時、風水地理を宗教のように信じ込んでいる韓国人の情緒を知り尽くしていた日本が、ソウルの中心地に総督府を建てることで朝鮮人の士気を打ち砕こうとした」としたうえで、「遅ればせながら景福宮が復元されて幸いだ」と語った。

（〔〕と（）は引用者。以下同）


この記事は、旧総督府の庁舎を「代表的な風水侵略の建造物」と見なしたのが風水学者たちであり、彼らこそが最終的に、大統領をはじめとする韓国人の情緒を「取り壊し」の方向へと促すに決定的な役割を果たしたことを教えてくれる。

　風水学者たちは六七年ものあいだ韓国の精気が断ち切られていたと強調することで、七〇年代以後のあの経済の高度成長やソウル・オリンピック前後の八〇年代の躍進を韓国人たちにしばし忘れさせた。それほど、朝鮮の「口を塞ぎ、首根っこを押さえ込もうとし」、朝鮮王朝と民族の「息の根を止めようとした」などという身体にまつわるイメージには、強烈なインパクトがある。言うならば日本の悪辣ぶりを身体的な記憶として思い起こさせたのである。この時期に登場する風水学者たちは、旧朝鮮総督府庁舎のドーム型の屋根に取りつけられていた尖塔が切り落とされてからも、似たようなレトリックで日本に対する敵愾心をあおり続けていた。一九八五年八月一四日付『中央日報』に寄せられた崔昌祚前ソウル大学教授の次のような発言はその一つである。

　去る七日、旧朝鮮総督府の建物を取り壊すための第一段階として、中央ドームの尖塔が切り落とされた。明くる日、中部地方と嶺東地方が集中豪雨に襲われた。のみならず、永らく日照りに苦しめられていた南部地方にも、たっぷりとは言えないまでも雨が降った。もとよりこれは偶然の一致であろうが、風水を研究している私のような者には、必ずしもそうとばかりは考えられない側面がある。なぜなら、朝鮮総督府庁舎の取り壊しは、要するにわれらが国土という生命体の塞がれていた口を開かせてくれたことになるのだから……。（中略）

　日本は朝鮮王国の中核地である景福宮を壊滅させるために、わが民族がほとんど宗教的と言えるまでに信仰し、すがってきた風水思想を利用した。景福宮の上手に彼らの総督の官邸（旧青瓦台の本館）を建てて、わが国土の首根っこを押さえ込んだうえ、南側の下手には総督府庁舎を建てて口を塞いでしまうという象徴的な風水侵略をあえて行なうことによって、朝鮮人に民族的なよりどころが永遠にその生命を失ったことを知らしめようとしたのである。旧青瓦台の本館はすでに取り壊されていた。そのおかげで、喉首を絞めつけていた日本帝国主義者の手から逃れることができたことにはなるが、まだ自由に呼吸ができるわけではなかった。総督府庁舎が依然として口を塞いでいたからである。ようやくその庁舎も取り壊しが確実となったことに、天が雨をもって応えたのではないだろうか……。

　現在の日本大使館のある場所は、ほかならぬ彼らの祖先がわが国の王妃を斬殺してこの国を奪い去り、たくさんの愛国の志士を殺害した、まさにその歴史の現場を一望のもとに見下ろすことができる位置に当たる……。

　彼らが何の意図もなくたまたまそうした場所を選定したにすぎないとしても、自分たちの犯罪の現場をたえず眺めることのできるような位置に日本政府を代表する大使館が腰を据えているのは、仁義を尊ぶ君子の大道でないことは明瞭である。日本大使館は、また彼らの過去における朝鮮支配を象徴する代表的な建物である現在の国立博物館をもまた絶え間なく眺めている。

取り壊しの始まった翌日に雨が降ったことも、ここでは天が感応した結果と見なされている。国家というものを生命体と見なし、その生命体の上に建てられた総督官邸が「首根っこを押さえ込ん」で「喉首を絞めつけていた」ばかりでなく、総督府庁舎が「口を塞いで」いたせいで、この建物が取り壊されるまでは「自由に呼吸ができ」なかったと、民族のよりどころが生命を失っていたとするような、身体に関わるイメージがここでも繰り返し使われている。こうした身体に関わるイメージこそが、「国土」を対象に行なわれたことを、あたかも人間がじかに、しかも遠い過去でなくつい昨日、祖先でなく今を生きる自分が体験しているかのように、想像させるのである。領土を生命体と仮定して、その生命体がこうむっている残酷な苦痛を想像したとき、怒りを覚えないでいられる人はそういない。

もとよりこれは、そこまで意図してのことではないはずだ。単に本人が、風水信仰的な解釈を信じていただけなのだろう。しかし結果的には、こうしたことは韓国人の反日感情を高めることに決定的に貢献した。

崔・前ソウル大学教授は、現在の日本大使館についても、その立地が勤政殿を「一望のもとに見下ろすことができる」ところだと説明して、日本政府がこの場所を意図的に選び取ったかのように伝えている。そしてすぐにこれに続けるようにして、「彼らが何の意図もなくたまたまそうした場所を選んだにすぎないとしても……君子の大道でない」として、大使館を移転させよと主張する。そのようになっていたとしたら「意図もなく……選定したにすぎない」人たちとしてはいい迷惑だったのだろう。

日本側の狡猾ぶりを強調するくだりはこれにとどまらない。日本大使館は国立博物館の建物を「つねに眺めて」おり、とどのつまりは大使館の建物は、まるでこっそりと隠れた場所から犯罪の現場を盗み見する犯罪者のようだと、大使館の建物を擬人化する手法を使ってふたたび読者の想像力をかき立て、怒りを誘おうとする。

しかし、この場所が「気脈」を塞ぐところであったと見なしたのは、先に見た鉄杭の場合と同じく、一部の風水家またはひと握りの韓国人だけである。総督府の立地からは、紛れもなくあからさまな支配意識が透けて見えるが、それ以上の意図を読み取るのは誇張であり歪曲でしかない。

同じ頃、「大日本」説というものがあった。旧朝鮮総督府はその所在地ばかりでなく、庁舎の構造までが非難を受けていたのである。一九九六年六月一二日付『朝鮮日報』紙には次のような記事が載っている。

一部の学者たちによれば、旧総督府の庁舎は「日」という字の形をしており、「大」の字の形をした北岳山と「本」の字の形のソウル市庁の庁舎と合わせて空中から見下ろすと「大日本」という文字が姿を現す、ということである。朝鮮王朝の本宮である景福宮のど真ん中に位置を占めたことや建物の設計などから、わが民族史の気脈を断ち切って植民統治を永久化しようとした、日本側の用意周到な意図がうかがえる。

しかし、「大日本」という文字として見るには何ともはや滑稽な形だ。完璧主義者の日本が、自分たちをこんな具合に中途半端な形で表すだろうか。このような主張が学者たちによってなされたということがやり切れないが、その彼らがほかでもない学者の権威にかけて主張してきたことだったがために、「悪賢い日本」というイメージは長らく疑われることなく信じられてきた。

取り壊しが物語るもの

結局、旧朝鮮総督府の庁舎は取り壊され、メディアのほとんどはこの措置を賞賛した。『朝鮮日報』紙のコラムニスト洪思重《ホンサジュン》だけは取り壊しを批判したが（同紙、一九九四年二月一五日付「コラム」）、『東亜日報』紙は「われらが同胞《はらから》の汚辱と悔恨の歴史をきれいさっぱりと洗い流してくれるような感動を抱かせてくれた」としたうえで、「屈折した歴史を正し、二一世紀に向かっての新たな善隣と同伴者としての韓日関係を開いていくことができるだろう」し、「こうした意味で、日本による植民地支配の象徴であった旧総督府の建物を取り壊すことにした金泳三大統領の決断は、歴史に記録されるだろう」（同紙、一九九六年一一月一五日付「社説」）と、大統領の決定に賛辞を惜しまなかった。

しかし当然ながら、旧朝鮮総督府の庁舎を取り壊したことが、「汚辱と悔恨の歴史をきれいさっぱりと洗い流してくれる」ことはなかった。その後、「屈折した歴史」が正されるようなことはいまだ存在せず、「新たな善隣と同伴者としての韓日関係」が築かれてもいない。

植民地支配を受けたという「汚辱と悔恨の歴史」に変わりはない。「屈折した歴史」は正されるはずもなかったし、「新たな善隣と同伴者としての韓日関係」は、金泳三大統領が退陣してからようやくその端緒が開かれた。ただ、博物館に用途を変更した折の工事費と移転のための費用三一〇億ウォン、建物を解体した際の四八億ウォン、臨時博物館を増改築した際の二三七億ウォン、復元事業のための五三五億ウォン、博物館を建設した三千数百億ウォンなど（『恥ずべき文化踏査記』九一ページ）、数千億ウォンもの国民の血税が、韓国人たちの「自尊心」を取り戻すために使われたにすぎない。

旧朝鮮総督府の庁舎が「日本人には郷愁と誇らしさを、朝鮮人には恥辱と無自覚な歴史意識ばかりを抱かせている」（鄭《チョン》ウンヒョン著『ソウル市内にある日本帝国主義の遺産踏査記』二六ページ、ハンウル出版、一九九五年）とする考えは、旧朝鮮総督府庁舎の処置をめぐる議論を注視していた人々を取り壊し賛成の方向へと導くには、もっともらしい意見であった。

とはいえ、それまで長らく中央政庁と博物館として利用されてきたあの建物を眺めながら、自尊心を踏みにじられる体験をした人がどれくらいいたかは知られていない。一般の人々にとっては、旧朝鮮総督府の庁舎は単なる、その場にあるちょっとした格好いい建物のうちの一つでしかなかっただろうし、「われらの」博物館であったはずだ。この建物を眺めるたびにいつまでも恥辱を感じなければならないという考え方は、いつまでも劣等感と敵愾心に囚われていることを強いるものだった。

たしかに、「郷愁と誇らしさ」を覚えて優越意識を感じる日本人がいないではなかったかもしれない。しかし、旧朝鮮総督府の庁舎を目のあたりにしてどのように考えるかは、それを見た人の意識レベルが決めることである。支配されていた側だからといって理屈抜きに恥辱のみを感じる必要はないのと同様に、父親の世代や祖父の世代が支配者だった頃の痕跡を眺めることがただちに無条件で誇らしさに結びつくというわけではない。むしろ恥ずかしさにつながることもありうるだろうし、その場合、過去の痕跡は韓国人よりも日本人にとって、より生きた教育の場となることもあるだろう。他者を支配したことが誇らしい思いにつながるという考えは、他者を支配することを誇るべきことと考えさせる暴力的な思考である。そして、それはむしろ、千数百年も遥かな昔の広開土大王〔三七五～四一三。一般的に広開土王と呼ばれる高句麗の一九代目の王。高句麗の領土を拡大し、旧満州の全域と漢江の北側の地域を手に入れて国威を宣揚した。在位は三九一～四一三年〕の治績に誇りを見出そうとする、いかにも一部の韓国人らしい発想でしかない。それから実際に、今日の日本人の意識は、全体としては韓国が考えるものよりはずっと成熟したところへ来ている。仮にも誇らしさを感じているような日本人がいたら、彼らを軽蔑してしまえば済むことである。

日本のある批評家は、旧朝鮮総督府の庁舎が景福宮に立ちふさがるように建てられているのを見て、「これほどまでに露骨だったとは……」と絶句した。本物の歴史教育のためであるならば、尖塔だけを切り落として一般の人たちが足を運ぶ機会など滅多にない独立記念館に展示したりするのでなく、元の場所に元どおりに残しておくべきではなかったろうか。風水家たちとは別の意味で、旧朝鮮総督府の庁舎はまさにあの場所に建てられたというだけで、韓国人にとってのみならず日本人にとっても、日本による朝鮮統治の最も決定的かつ醜い歴史の証拠品となりえたはずである。

旧朝鮮総督府の庁舎を世界的な視野から見たら、二〇世紀の東洋における帝国主義の痕跡ということにもなる。九〇年代にあれほど世界化（グローバリズム）を唱えていながら、この建物は人類の歴史における負の証拠の一つであり、それもまた遺産であるという意識が韓国には欠けていた。あったとしても多数派ではなかったということを、旧朝鮮総督府庁舎の取り壊しは証明してみせた。もっとも、当時の博物館長までが取り壊しに賛成したくらいだから、何をか言わんや、である。いわばこの博物館長でさえ、彼らの博物館を人類の（負の）文化遺産の一つと見なす視点を欠いていたのであり、韓国人には、自国の文化遺産のみが特別視されたのである。言うまでもなくそれは、「われわれのもの」でないものには価値がないと見なすナショナリズムの所産である。

では、せめて韓国の文化遺産だけでも大切に扱われているかというと、そうではない。民族解放五〇周年を記念するために文化遺産を永遠に保存する新しい博物館を用意すると言っておきながら、その建物が建てられるより先に、旧博物館が所蔵してきた数々の貴重な文化遺産を何年ものあいだ劣悪な環境のもとに放置したまま、結果的にはそれらが壊れたり傷ついたりしてきたことも公表されなかった。韓国の文化遺産が日本人によって建てられた博物館に所蔵されているのは文化遺産に対して申し訳のないことだと主張した人たちもいたが、申し訳なく思わなくてはならなかったのはむしろ、こうしたことのほうだった。

そうした意味で、旧朝鮮総督府の庁舎をすぐれた建築と見なした一部の人々による保存すべきだという主張は、少なくとも人類史的な視点をかいま見せるものであった。日本の否定的な文化遺産ではあるが、人類にとっての文化遺産でもあるという認識。外国へ行くと、たとえそれが支配した側の遺産であろうと、その発掘に努力する姿がしばしば見受けられる。無傷の建物でさえ莫大な費用をつぎ込んで取り壊すのではなく、埋もれたまま放置するのでもなく、あえて発掘しようとしたのは、彼らの歴史意識が韓国とは異なっていたからであろう。

文字どおりに理解するならば、あったことすべてが歴史である。歴史とは、もろもろの出来事の痕跡をその後を生きる人たちの気分で消し去り、なかったことにすることはできないものだ。

未来をゆがめる過去の隠蔽

そもそも金泳三大統領と彼の追従者たちが考える「屈折」した「正さねばならぬ」歴史とは、どんなものだったのか。日本に植民地支配されたということだったのだろうか？　それとも、旧朝鮮総督府の庁舎をこれまで放置しておいたことだったのだろうか？

また、「清算する」というのは何を清算することだったのだろうか。ソウル市庁舎やソウル駅舎の建物など、日本帝国主義の残滓は少なくないが、旧総督府だけを取り壊したからといって残滓を清算したことになるのかという質問に、「敵軍と見なすなら、敵将さえ取り除けば事は終わる」（鄭ウンヒョン）と説明した人もいた。彼が「終わる」と思ったのは何だったのだろうか。日本に統治されたという事実だろうか。はたしてそれは、「終わる」あるいは「終える」ことができるようなものなのか。

しかし残念ながら、旧朝鮮総督府庁舎の取り壊しは、彼らが考えた過去の克服や清算とは関係のないことであった。克服とは、過去の痕跡を取り壊して忘れることではなく、被害者意識への囚われから解放されて自由になることだ。韓国が本当に清算すべきだったのは、韓国自身の被害者意識のほうだった。

韓国人の間にまだ被害者意識や劣等感が残されているとしたら、それは一部の風水師たちが考えているように、日本人に統治された結果、すぐれた人物が出現しなかったからではない。それは、日本人に支配された記憶がいまだに生々しく、いつまでも憎しみと怒りの感情を拭い去ることができないゆえのことである。

思い返せば統一新羅から高麗へ、高麗から李氏朝鮮へと政権の主体が交代するたびに、それまでのあらゆるものを根こそぎ否定し去って取り壊してきたのが、韓国の歴史のありようでもあった。

言うまでもなくそれは、昨日までの「正統」の痕跡を見たくなかったからである。言い換えるなら、今日のおのれの姿だけが「正統」でなければならないからだった。

過去を否定し去ることだけが、現在のおのれの権威を定着させる早道だったからである。たいていそれは、新たな主体を創り出す過程として正当化されてきたが、その結果として、韓国の文化遺産には痕跡だけが残されたものが少なくない。ある史学者は、「本当に統一新羅だの高麗だのという国が存在したと自信を持って言い切るには、われわれの文化遺跡はあまりにも貧弱すぎる」と嘆いた。

朝鮮王朝は、高麗王朝の痕跡の多くを消滅させてしまった。そのため韓国は、高麗王朝が短いとは言えない期間、武臣政権によって支配されていたとか、仏教国家であったとかいう事実を確かめるために苦労させられている。景福宮を復元するためにという名目で、民族の自尊心を取り戻すために旧総督府の庁舎を取り壊したのも、その底流に流れている感情は数百年前のものと変わるところがない。新たに登場した「文民政府」もまた、それまでの政府との差異を単にそれまでのものを「取り壊す」ことによって証明しようとしたのであり、そうすることによって、韓国がことのほか古い歴史を取り壊すことを好んできたことをふたたび証明したのである。

景福宮が韓国の歴史であるのと同じように、景福宮の一部が取り壊されたことも、やはり韓国の歴史だった。そして、その取り壊された跡地に旧朝鮮総督府の庁舎が建てられ、一九四五年以後は中央政庁を経て博物館になったということもやはり、すべて韓国の歴史であることに変わりはない。

恥ずかしい過去を忘れて、新しく生まれ変わる自分を想像するのは愉しいことだ。しかし、過去を隠したり否定することは、必ずしも新しい今日を約束するものではない。個人の人生であれ一国の歴史であれ、歴史というものはそれまでの文化のうえに新たな文化――政治でさえ広い意味では文化の一つである――が積み重ねられるものである。たとえそれが他民族の手によってなされたものだとしても、これを取り壊す行為は、その地で築かれてきた歴史を隠滅するものというほかはない。

やはりもっともらしく伝えられてきた拷問室なるものは、本当にあの建物のなかのどこかにあったのか、あるいはすでに言及したような「大日本」説は本当のことだったのか、そうしたことを確かめるためにも旧朝鮮総督府の庁舎は残しておくべきではなかったろうか。取り壊したあとに残されるものは、誇張と誤解の増幅でしかない。真実が明らかにされるより先に、すべてにおいて不確実な情報ばかりが真実と化していく間に、旧朝鮮総督府の庁舎は取り壊されてしまったわけである。

歴史と出会うことは、「記憶」することである。

恥辱の歴史だからといって正視するのを避けたり忘れ去ろうとすると、その歴史が与える教訓まで忘れてしまいかねない。最悪の場合、その忘却ゆえに過去を反復させることにさえなる。チェコの作家ミラン・クンデラも、チェコで歴史がでっち上げられ、歴史的な記念物が破壊される様を目のあたりにして、「自分の過去に対する記憶を喪失した国家は、徐々に自分自身まで喪失していくものである」(『存在の耐えられない軽さ』)とつぶやいて、溜め息をついた。

過去が大切なのは、それが現在と未来の自分の姿を映し出しているからである。ところが一九九〇年代の韓国は、過去を否定しようとするばかりで、過去を直視しようとはしなかった。恥ずかしい過去を直視することで新たな今日と明日をつくり出そうとするのでなく、輝かしかった──と言われている──過去の文化への未練から虚しい自負心を育てることに熱中するばかりであった。

真の自尊心と「民族の精気」のために

問題は、自尊心を満足させるためであったはずの数千億ウォンもの税金によって、本当に自尊心を満足させることができたのかということにある。むしろ、従軍慰安婦にされたり強制徴用された人たち、帝国主義時代の日本から被害をこうむった人たちのためにその税金が役立てられていたら、過去に国民を守り抜くことができなかった国家の罪をつぐなうという意味からも、加害者にのみ要求するよりずっと自尊心を満足させることになったのではないだろうか。

韓国は目に見えない「民族の精気」のために数千億ウォンもの税金を無駄遣いしてきたが、その間市内のど真ん中で埃と騒音は、かえって精神的肉体的に「民族の健康」を脅やかしたのかもしれない。

外国人を意識した自尊心ということであれば、観光客のために便利で安全な地下鉄や安心して飲める水、きれいで清潔な環境と衛生的な公衆トイレ、サービスのよいタクシーの運転手などをたくさん確保したほうが、百倍も効果的であっただろう。それだけで訪問者たちは韓国に対してよい印象を持つだろうし、訪問者たちが韓国を好ましく思うようになるほうがまだ、言うところの「民族の精気」が輝く瞬間と言えるだろう。ところが、九〇年代の韓国はそうはしなかった。逆に、旧総督府庁舎を取り壊してからたった二年後に、外貨が底をついて外国から借金をしなければならない羽目に陥ったのである。

旧朝鮮総督府庁舎を取り壊したことは、金泳三大統領が未来志向的であるよりも過去志向的であったこと、実質的な利益よりも理念的な満足を追求したことを物語るものであった。いわば、過去に執着するあまり現在の選択を誤ったのである。

いわゆる文民時代は、政敵が存在しなくなった時代であった。北朝鮮との関係も悪くはなかったし、国内的にも労使の問題はなくなり、独裁も過去の遺物となった。しかし、自分の立場を存続させるために、あたかも習慣のように対立勢力を適当に利用してきた韓国の政治家たちは、九〇年代には反日を国民統合の手段としたのである。それは、少し前の反共と変わるところがなかった。大統領の「〈日本の〉性根を叩き直してくれよう」云々の発言は、日本を懲らしめることができるという自信の表れであり、人々はこれを自尊心の発露と思い込んだ。

日本が「民族的精気の根源を抹殺」しようとしたという主張は、日本が同化政策を取り入れたことを見ても、結果的にはそのとおりと言える。また、例の旧総督府庁舎を、一国の国王の宮殿に立ちふさがるような位置に建てたことに、韓国の支配者がもはや韓国王ではなく日本人であることを見せつけようとした日本の意図を読み取るのは難しいことではない。

そうだとしても、そうした意図を風水説でもって読むのは事の真実をゆがめることでしかない。そのような形で帝国主義日本の悪辣ぶりを強調することは、感情的に日本を非難するレベルに韓国人を縛りつけ、理性的な批判の主体となるのを許さない。そうしたことこそ、韓国が過去の被害者意識を克服するのを妨げ、いつまでも日本を許せないという心理状態から脱け出せなくさせるのである。

支配された痕跡の象徴を、いつまでも自尊心を傷つけるものと見なしてきたことは、まさに被害者意識を克服できなかったという証《あかし》でもある。それは、韓国がいまだに過去の傷を克服できていないことをかえって世にさらけ出すことでしかない。

過去が残した傷痕は、決して消し去ることができるものではない。そうした傷痕は、否定や忘却ではなくむしろきちんと向かい合うほうが、傷つけられた側を強く鍛えてくれるものだ。そして、他者の心の傷に対しても繊細に反応させる。直視せずに忘れ去ってしまうのではなく、直視しつつ相対化できる境地にまでたどりつくことこそ、真の意味での傷跡の克服である。

鉄杭騒ぎと旧朝鮮総督府庁舎の取り壊しを支えたのは、「鉄杭を引き抜くのは、われわれの心の中に内在している劣等意識を引き抜くことに等し」く、「根本的な問題は、わが文化に対する確固とした認識を欠いているところにあり、われわれ自身のものを持たない」ということであり、「文化の開放を前にしてわれわれがなすべきことは、自らの文化の偉大さに目覚めて免疫性を持つこと」である（『恥ずべき文化踏査記』一五ページ。徐吉洙教授のインタビュー）と強調する民族主義であった。また、「旧朝鮮総督府庁舎の撤去を推進する委員会」を発足させ、「この建物は必ずや現政権の任期中に取り壊されなければならない」とうながしたのは、「光復会」（植民地時代にもっぱら中国へ逃れて民族運動に参加し、民族解放後に韓国へ帰国した人々を網羅してつくられた団体）や「ハングル学会」（韓国語の研究と発展を目的とした学会。一九二一年、張都暎《チャンドヨン》、崔《チエ》鉉培《ヒョンベ》、金允経《キムインキョン》、金允宰《キムインジエ》らを中心に発足した「朝鮮語研究会」を一九三一年に「朝鮮語学会」に改組し、一九四八年にさらに「ハングル学会」と改められた。朝鮮語学会時代には民族的であるという理由で主だった研究者が投獄され、獄死した。朝鮮語学会事件とも言う）など――の関連団体および学会の代表たちであったというくだり（『中央日報』一九九三年八月一四日付）

を読めば、旧朝鮮総督府庁舎の取り壊しは、いわば反日主義と民族主義とが出合ってなしとげられた出来事だったことが見えてくる。

旧朝鮮総督府の庁舎が取り壊されたあと、地中に九千余本もの鉄杭が打ち込まれているということが判明すると、初めのうちは、例の「風水侵略」説に基づく解釈によって引き抜くべきだと主張され、深刻な問題となった。ところが最終的には、地盤を強化するために打ち込まれたものだという解釈が受け入れられて、鉄杭を残したまま工事が進められた。

それだけならまだしも、これもやはり日本帝国主義の紛れもない「残滓」であるはずのソウル駅舎——東京駅舎の丸の内側部分を模してつくられた——は、保存されるべき建物に指定されたと聞く。皮肉と言わざるをえない。

3　「歴史」か「小説」か――李寧熙『うたう歴史』

一九九三年は、九〇年代の韓国において民族主義が盛んになった元年とも言うべき一年であった。この年、国内購読者数で第一位を誇る『朝鮮日報』紙が、日曜版に李《イ》寧熙《ヨンヒ》の『うたう歴史』（邦題『もう一つの万葉集』文藝春秋、一九八九年）を連載して、日曜の朝が訪れるたびに、多くの読者がゆったりとした気分で日本に対する優越感に浸るのに貢献した。さらに、核爆弾で日本を懲らしめる内容の金辰明《キムジンミョン》の長編小説『ムクゲノ花ガ咲キマシタ』（邦訳、徳間書店、一九九四年）、もはや日本からは学び取ることなど何一つないと高言してはばからなかった元KBS（韓国放送公社）東京特派員田麗玉《チヨンヨオク》のエッセイ集『日本はない』（日本には学ぶべきものが何もない）（邦題『悲しい日本人』たま出版、一九九四年）などが、相次いで出版された。言うまでもなく、美術史家兪弘濬《ユホンジユン》教授の『私の文化遺産踏査記』が出版されて人気を博したことも、こうした動きと無関係ではない。

「わが民族の優秀さを立証する」論理

『日本はない』や『ムクゲノ花ガ咲キマシタ』に比べると、『うたう歴史』の知名度はいささか低かったと言えるかもしれない。しかしながら、この連載の貢献度がどれくらい高かったかは、次のような事実からも推し量ることができる。

一九九四年一一月二四日付『朝鮮日報』紙は、同紙の「人びと」欄、つまり著名な人々の近況を伝える欄で、連載が終わって単行本として出版されたこの本の出版記念パーティについて伝えていた。その記事によれば、このパーティは元女性国会議員たちの親睦団体である「木蓮の会」が主催し、朝鮮日報社の後援のもとに、各界の名士三百余名が出席して催された。そして、祝辞を述べる役として全斗煥《チョンドファン》元大統領夫妻が出席したほか、李基澤《イギテク》民主党代表、金潤煥《キムユンファン》、李鍾賛《イジョンチャン》、張世東《チャンセドン》、丁海昌《チョンヘチャン》など、当時の大物政治家たちが多数出席した。出版記念パーティとしては、またとない華やかなイベントだったのである。

主催者の「木蓮の会」会長は挨拶の言葉のなかで、李寧熙が「わが民族が優れていることを日本の文献を通して立証する作業を、孤独に続けてこられた」として、「この本こそは国民のすべてに読んでもらわなければならない一冊」と述べた。また朝鮮日報社長は、「李寧熙先生は去る一年半のあいだ、朝鮮日報紙に〈うたう歴史〉を連載して二〇〇万の読者から絶賛を受けてきた」として、「歴史学、言語学、民俗学などの分野で、いかなる学者も試みなかった韓日間の新しい分野に挑戦した先駆者」であるとの祝辞を送っている。

このパーティがこれほどまでに華やいだものになりえた理由は、まさにこうした祝辞に表現されている。それは、国会議員出身である著者自身の人脈をしばし脇に置くならば、彼女の著作がまさしく「わが民族が優れていること」を「立証」する作業として認められたからにほかならない。それから、そうした意味でこのパーティは、これ以後ますます高まっていく九〇年代後半の韓国の民族主義的な熱気を象徴する集まりでもあった。

李寧熙の連載『うたう歴史』は、かいつまんで言えば、日本の『万葉集』は「韓国語」で解釈できるという内容のものであった。『朝鮮日報』の二〇〇万を数えるという購読者たちが、本当に「熱狂」したのかどうかは確かめるすべもないが、連載時の紙面には、日曜の朝刊の紙面にしてはいささか目に余るエロチックな挿絵が少なからず掲載されていた。そうしたこともまた、この連載が人気を博した理由と無関係ではなかったろう。

ともあれ李寧熙によれば、和歌と呼ばれる日本の古代詩歌の多くは、韓国語で解釈が可能だという。しかもそうした解釈の結果は、和歌＝男女のセックスの讃歌、あるいは陰謀と謀略の歌と言っていいようなものだった。わけてもセックスの讃歌という解釈は、世間の目を引いたであろう。

結局のところ、『うたう歴史』の連載は、日本語の古語がじつは韓国語の古語だったとしてそのことを誇りとするとともに——それがたとえ事実だとしても、誇りを持つべき理由にはならないが、日本文化が韓国ゆかりのものとの確認は韓国人の優越感を満足させる——、色好みの日本人像を広めることに寄与したのではなかったろうか。この連載は韓国人に、日曜の朝がやってくるたびに日本に対する優越感とともに——淫らな？——彼らの寝室を覗き見するような、いわく言いがたい快感を覚えさせてくれたのかもしれない。寝室の主たちが、著者の言うとおりであるなら、ほかならない韓国人のご先祖様でもありうることはしばし忘れて。

ところで、この『うたう歴史』は連載の途中で早くも、韓国語の古語を研究した日本人研究者からたびたび批判されていた。しかし、これに対する著者からの回答は、私の知る限り一度もなかった。後でこの本が日本語に翻訳されて出版されてからも、論理的な問題点を指摘する日本側の反論が少なくなかったが、日本でそうした反論がなされたという事実さえ韓国にはほとんど伝えられなかった。

ある日本人研究者は後日、彼の著書を通して李寧煕が「韓国語の古語についてあまりにも無知」である指摘したうえで、（韓国の学界でも）「李氏の主張のようなものはまったく問題にされていない」と述べている。さらに、李寧熙の論拠に対する彼自身の反駁とともに、韓国語学者姜吉云《カンギルウン》の批判も引用している（野平俊水『韓国・反日小説の書き方』亜紀書房、一九九六年――韓国語訳『今日の予感』）。実際、たまたまあるときにお目にかかる機会があった姜博士は、「話にもならないでたらめ」として、李寧熙の説を一蹴されていた。

韓国語の古語に関する知識を持たない私は、この方たちの言い分の是非を判断する能力に欠けるゆえ、その是非については触れない。ただ、注目したいのは、反日言説に特有のレトリックがここでも見られることである。

一九九三年五月三〇日付『朝鮮日報』を見ると、「われらの古語で詠まれた日本の過去」と表題され、「万葉集一千年の秘史を掘り起こす／ユーモア・セックス・権力闘争の記録がぎっしり」と副題のある記事が目にとまる。読んだ人には既知のことだろうが、この李寧熙の連載にはエロチックな挿絵に似つかわしく、セックスに関する内容が少なくなかった。しかも、それが日本文化であったなら、「質が低い」との一言で黙殺されたに違いない幾つもの表現が、ここではどうしたわけか「ユーモア」と呼ばれていた。

たとえば、主人公の排泄に関する話なども、ここでは「知的な遊びを愉しむ古代人の優れたユーモア感覚」と見なされる。その歌を詠んだ作者たちがじつは古代の韓国人だったという前提があってこそのことであることは言うまでもない。

　もとよりこの連載が明らかにしようとしたこと、つまり日本の古語は韓国語をもとにして成立したということそれ自体に問題があるわけではない。それは、この方面に関心のある人たちならいくらでも研究することができるだろうし、学問的に証明できなくもないだろう。しかし問題は、出版記念パーティの主催者側が「わが民族の優れていることを立証した」と称賛していたように、この『うたう歴史』が、日本に対する優越感を確認するための作業だったというところにある。著者がとくにそのように強調したわけでもないのに読者のほうがそのように解釈したのは、言うまでもなく、韓国と日本の類似性もしくは同質性を主張することが、韓国ではそのまま優越感につながっていくからである。そして、そのような解釈に対して著者が反駁しなかったのは、著者にもやはりそのような意図があったということだろう。

　実際、李寧熙のような論理は目新しいものではない。李寧熙は具体的に、言葉の類似性を証明しようとしたわけだが、日本語のなかにその語源を韓国語に求められるらしい言葉が多いことは、すでによく知られていることである。日本文化の多くが韓国からもたらされたものを土台としているらしいことは、すでに耳にタコができるくらい聞かされてきたことであり、言葉といえども例外ではない。

「日鮮同祖論」――親日から反日へ

興味深いのは、こうした主張が韓国だけの専売特許ではないということである。韓国と日本が似通っているという話は、じつは植民地時代には逆に日本のほうが積極的に主張していたことであった。いわゆる「日鮮同祖論」がそれである。

ある研究によれば、日本は帝国主義時代の初期に、韓国と日本の言語が同じだとか、祖先が同じと主張しただけでなく、それを「事実」化するために教科書の力まで借りた。それは、韓国人から抵抗されることなく同化政策を進めるため、すなわち日本の韓国併合は正しいことだと韓国人と日本人の両方に教え込むためであった。

日鮮同祖論とはかいつまんで言えば、韓国人と日本人は同じ祖先を持っており、したがってあとになっても一つの民族となるのはおかしいことではないという主張である。つまり、日本による韓国の植民地支配を正当化するために生まれた論理であった。このような理屈は、日本による韓国併合が実現する前から登場していたし、併合がなしとげられた時期に最も盛んに主張された。具体的には韓国人の間に日本語を普及させる必然性を主張するために生まれた理論で、当時の論者たちが言わんとしたのは「日韓両国の言語が同系」だということであった。言語学的に「朝鮮語は弟、日本語は兄」であり、人種も風俗も習慣も「同系」だという主張が、もっともらしく展開されたのである。言語学者・金沢庄三郎は『日鮮同祖論』(一九二九年)という本を上梓しているが、そのなかで彼は、日本の祖先神は韓国から日本へ渡来したとして、この二つの民族は同じ祖先を持っていると主張した。朝鮮総督であった小磯國昭は、祖先神 天照大神《あまてらすおおみかみ》の弟である素戔嗚尊《すさのおのみこと》の子孫が、今日の朝鮮民族であると語った(金光林著「日鮮同祖論」、富士ゼロックス小林陽太郎記念基金、一九九五年度研究助成論文)。さらに、素戔嗚尊が檀君(朝鮮の始祖神とされている神話上の人物。高麗時代に編まれた『三国遺事』は檀君王倹を朝鮮全土の開国神・始祖神としている)であるという説、つまり素戔嗚尊が新羅に降臨した、もしくは檀君が日本へおもむいて天照大神と姉弟のちぎりを結んだという説を、日本は朝鮮の教科書に登場させていた。(保坂祐二「日本帝国主義の同化政策に利用された神話」『日語日文学研究』第三五集・文学/日本学編所収、韓国日語日文学会、一九九九年一二月)

こうしたことからわかるのは、政治はいつも、必要とあらば神話であれ言葉であれ、自らの正当性のため利用する、ということである。当時、朝鮮人が戦争に参加して戦うには「御国」のためにわが身を捧げるという幻想が必要であった。だからこそ、日本人と朝鮮人が同じ祖先の子孫であるといったような信仰が必要だったのである。詩人徐廷柱《ソジョンジュ》をはじめとして今もなお、「親日派=対日協力者」というレッテルを貼られている人は少なくないが、彼らはこのような論理に惑わされたのかもしれない。そうした意味では、彼らを告発して断罪するより、彼らが「なぜ」親日行為に走ったかを考えるほうが、はるかに生産的である。韓国近代のある時点で国家体制に協力したいわゆる「親日派」をめぐる状況と心理は、彼らだけのことではなく、韓国人全体の問題でもあるからだ。

日本についても同じことが言える。日本の帝国主義と過ちに対する批判はもとより必要だが、単なる糾弾——「何」を「どのように」したのかに重きを置いて——を超えて、彼らが「なぜ」そうしたのかを考える必要がある。女性教育家の金活蘭《キムファルラン》や文学界における李光洙《イグァンス》のように、おのおのの分野で近代化をなしとげた功績が、「親日行為」を出発点としなければならなかったという近代韓国のディレンマに答えを出すためにも。

一方、当時の朝鮮人は独立を主張するために、朝鮮と日本が同化するわけにいかない必然として、いかに「異なる」民族であるかを強調した。当時は異なることが独立主張の根拠であったし、異なるという差異の確認こそが、同化に対する抵抗を支える要素だったのである。

その日から半世紀が経った一九九〇年代、今度は、日本と韓国文化の起源はじつは「同じ」なのだということが、韓国の優越感を満足させる要素として働くようになる。朝鮮日報社の社長が語ったように『うたう歴史』に二〇〇万もの読者が熱狂したとしたら、それは言うまでもなく、日本のルーツが韓国にある、韓国文化あってこそ日本の文化もありえたのだという優越感ゆえのことであったろう。文化のみならず「言葉」自体を伝えたと信じ込むことで、日本の価値を貶めうると考えたのだろう。日本が韓国と似ているように見えれば見えるほど、優越感が大きくなる構造だ。

まったく同じ事実――同祖論――も、それを強調する主体が何を言いたいのかによって、利用のされ方が違ってくる。日本による韓国併合のときは「同化」の根拠とされ、親日イデオロギーとして利用された「日鮮同祖論」が、独立後の韓国では優越意識を裏書きする反日イデオロギーとして利用された。そうした皮肉を、『うたう歴史』に見出すことができるのである。

そもそも、同一民族なら何がどうしたというのだろう。類似性の強調が、純粋に学究的好奇心から出発したものなら問題ないが、政治的なイデオロギーを含むものなら、それは誰にとっても無意味にして危険な発想でしかない。

「他者」不在の他者論

連載開始から六年が経って新しい世紀を迎えてからもなお、それまでの批判に屈することもなく、『うたう歴史』は再び連載され始めたのだから、民族主義の「うた」は生命力が強い。

これまでにも見てきた李寧熙の説のなかに、高句麗の淵《ヨン》蓋《ゲ》蘇《ソ》文《ムン》が日本の天皇になったという、推定ならぬ断定が存在する。このことに関する説明を反復しながら、李寧熙は次のように書いている。

> 百済が滅亡したのは六六〇年。その頃百済の分国だった倭は、国力を尽くして救援軍を送り出すことで祖国の復興を図ろうとしたが、力及ばなかった。救援軍が新羅・唐の連合軍に惨敗を喫し……（中略）
>
> 総力戦に完敗した倭はパニック状態だった。その間、倭の政権を掌握する機会を虎視眈々とうかがってきた淵蓋蘇文としては、決して見逃すことのできないチャンスだった。（『朝鮮日報』二〇〇〇年五月二四日付）

「倭」という表現に関しては、しばらくおく。以前の連載には、「その頃倭は百済の分国と変わりがなかった」という表現があったが、ここでは「分国だった」と、きわめて断定的である。

もとより分国という見方も、学説としてはありうるだろう。だが、それがどうしたというのだろうか？　そういう意味でなら、韓国は中国の「分国」だったのではないか。問題は、中国が韓国や日本に対して口に出さないことを、韓国はたびたび日本に対しては言いたがるということである。

しかも、ここに書かれていることを信じるならば、韓国人の祖先である淵蓋蘇文は「倭の政権を掌握する機会を虎視眈々とうかがってきた」侵略者である。ところが、この記事の表題は「大人物淵蓋蘇文の野望」となっている。こうした論理で行くと、日本の帝国主義も野望を実践しただけなのだと日本が主張したとしても、返す言葉がなくなるのだろう。実際に帝国主義日本は、あの当時、「野望」や「冒険」という単語を多用して、未知の地に対する幻想を人々の心に植えつけた。そこで人々はあえて海を渡って遠い朝鮮へと移住していったのである。

もう少し内容を見てみよう。高句麗の将軍・淵蓋蘇文は日本が弱体化してくると日本を手に入れ、第四〇代天武天皇となり、第三八代天智天皇——これも百済の王子と解釈されている——と数年間にわたって二つの政権に分かれて存在したとあり、この両人が一人の女性と関係を持ったという。

この日の挿絵は三人の男女が関係を持ち合うという、なかなか目にすることのないようなエロチックなものだった。韓国を代表する新聞をもって任ずる『朝鮮日報』を読んだ青少年たちは驚いただろう。もっとも、紙面を通じて主張したいことが、青少年への影響など気にしなくてもよいくらい重要だと考えたのかもしれない。

新聞の連載をさらに読み進んでいくと、次のようなくだりも目にとまる。

『日本書紀』こそ嘘八百の本である。けれども、「正直に嘘を書いている歴史書」だと言える。構造的に嘘を並べることを当然としているが、細部は驚くほど具体的であり、正確な記録に満ちているのである。

もっとも、歴史は選択され、結果として捏造されることも多い。しかし、「嘘八百」とか、「構造的に嘘を並べることを当然としている」などという表現は、他者が大切にしている歴史書に対する表現として、あまりにも乱暴すぎると言わざるをえない。

さらに「この奇々怪々な記録」とか、「『日本書紀』というのはこのように、まことに衝撃的な事実を簡単な年号を付すだけで、いとも簡単に表記している。本当のことを知っている人にだけ、本当のことを告げているわけである。まことにもって恐ろしい歴史書ではないか」と言って、『日本書紀』が意図的な歪曲を施していると言わんばかりに、日本人の悪賢さを強調する。そしてその結論は、「『日本書紀』をわれわれの手で研究しよう」である。

かつて、それも大昔、韓国からエリート層が海を渡って日本へ行ったという話に異論があるわけではない。中国から豪族たちが韓国へやってきて支配層になったという説にも私は共感している。

しかし、繰り返し言うが、ここには「他者」がいない。案じられるのは、淫らな挿絵による刺激にも増して大きいはずの、青少年たちに及ぼすであろう影響である。彼らが築き上げていくであろう韓国の未来の姿である。韓日古代史を正すために書かれたというこの本が、中身の伴わない自負心を育てることで、未来史を歪曲してしまうこともありうるのである。

あまりにもドラマティックな物語なので興奮したという読者たちの、「われらがご先祖様たちが日本国で繰り広げた豪放な振る舞いなどを、もっと詳しく書いてほしい」(『朝鮮日報』二〇〇〇年六月一四日付)という要望――セックスや陰謀は「豪放な」ことだろうか?――に、本格的に応じるためか、『うたう歴史』は連載八回目からはフィクションならぬフェクションという造語まで用いて、それまで主張してきたことが事実に基づいたフィクションであることを認めたうえで、とうとう本格的な「小説」を書き始めたのである(ここでは「歴史」と「小説」を対立的に書いたが、歴史と小説は実のところ形式においても中身においても簡単に区別できるものではない)。

かくして『うたう歴史』は、自ら進んで「歴史」の看板を下ろしたかのようにも見えたが、実際にはそうでもないらしいことが、次のような発言に明らかだ。著者は、「わが古代史と韓日交流史の真の姿の中に、東北アジアの今日と明日の姿も見えてくるだろう」し、既成のあらゆる歴史観の「古着」を脱ぎ捨てて「裸《ヌード》のままで読んでもらいたい」（同前）と要請してもいたのである。

ところで、誰も知らなかった韓日交流史の真の姿なるものが、せいぜい淵蓋蘇文のまことにもって露骨きわまる強姦の話なのだから、当惑しないではいられない。誰一人として確認することができない古代人の、野史ならぬ文字どおりの「夜史」が、あたかも重要な歴史であるかのように記録され流通される現場を前に、今こそ歴史の叙述とはどういうものかを、改めて問い直さなければならない。

4 「日本には学ぶべきものが何もない」という言説

『うたう歴史』は学究的なエッセイというスタイルを取って、自らの政治性をそれとなく覆い隠していたが、これに加勢でもするように巷《ちまた》にあふれ始めた小説や体験を書いた日本関係書のたぐいは、民族主義的な性向をそれ以上覆い隠そうとはしなかった。「日本〈に〉は〈学ぶべきものが何も〉ない」という否定的な日本観を前面に押し立てることによって一躍ベストセラーになり、九〇年代前半の話題の一冊となった『日本はない』（前出、邦題『悲しい日本人』）などは、その代表格と言っていい。この本に対しては多くの識者から問題が提起された。しかし具体的な批判までしないのは、あえて批判を加えるほどの価値を見出すことができなかったからだろう。それにしても、この一冊がたくさんの読者によって熱狂的に読まれたということは、九〇年代の韓国社会のある断面を示すもので、そうした意味でこの本を無視することはできない。

この本を書くことを思い立った動機を語りながら、これまでの日本論は日本への賞賛一辺倒だったと、著者の田麗玉《チョンヨオク》は指摘している。しかし、日本を表す修飾語として、「親切」や「勤勉」という語とともに、「浅薄」「悪賢い」という語がそれまで使われなかったわけではない。『日本はない』という刺激的な書名をつけた本の出現は、いわば肯定的な認識に隠れて目立たなかった否定的な認識が自信とともに水面に現れてきたものであり、そうした意味でこの本は紛れもなく書名だけで「売れる」たぐいの一冊であった。

そのうえ、ソウル・オリンピックを終えて一九九〇年代にいわゆる文民政府が登場し、今や政治・経済面で誰もが夢に見ていた未来が目の前にあるかのように思われた九三年末にこの本が世に出たのは、タイミングがよかった。なしとげるべきことをなしとげた韓国の前途を阻むものなど、もはや「ない」と、誰しもが考えた時期だったからである。

フェミニストの女性差別

まず、この本で多くのスペースが割《さ》かれている日本女性論を見るとしよう。

日本の女性は「夫から言われなくても」衣食住の支度をしなければならないとか、「女性らしい女性」になることを強要されていると、この本は言う。しかし、これは何も日本だけの話ではない。韓国にも、いや、ことによると韓国のほうにより当てはまることであり、ひいては地球上の少なくない女性がいまだに解決できずにいる問題である。にもかかわらず、この本ではそうした問題があたかも日本だけの恥部であるかのように強調されている。そして最大の問題点は、こうした誤謬が全体を通して散見されることである。

定年を迎えた夫と離婚する女性たちを、「気の毒な相手の面倒を見」ようとはせずに見捨ててしまうエゴイストと見なしていることにも、同じようなことが指摘できる。すでに韓国でも問題視されている内容なので——田麗玉の発言は、離婚を希望する老いた妻に加えられる男性裁判官の叱責に似てはいないか?——、ことさらにこうした発言の問題点をあげつらう必要もないだろうが、離婚を希望する妻たちが重要視しているのは、田麗玉が想像しているような退職金などではなくて、定年そのものである。つまり、二人だけの時間の始まりを意味する定年を迎え、それまで仕事を口実にして外の世界でのみ生きてきた夫との間にもはや共通の話題も趣味もないことに気がついて、長年にわたる従属的な生き方を清算しようという意識の表れが、ほかならぬ定年離婚なのである。

もちろん、老後の「面倒を見る」ことにまったく意味がないとは言えないだろう。しかしそれは、場合によってはわが子や他人のことを意識するあまりの選択であることもありうる。どちらを選ぶかは各自の価値観にしたがって決めるべきことであって、韓国的・男性中心的な道徳観でもって断罪すべき問題ではない。

田麗玉はまた、日本の女性は「自分にとって得なことだけを追い求める」と声高に非難する――ここで強調されている日本人＝エゴイストという図式については、後で改めて言及するが、偏見と恣意的な解釈によってつくり出される日本批判の代表的なものである――。しかしこれは、子供たちがすっかり成長して独り立ちする日まで長い長い暮らしを辛抱に辛抱を重ねて耐えてきた彼女たちの痛みと、女性であるがゆえの不利な立場に対する理解に欠けていることをさらけ出しているにすぎない。いわば、女性たちが自分の声を発し始めるのが、日本のほうが韓国よりもいささか早かったということでしかない。実際に、彼女がこうした非難をしてからほんの数ヵ月後には、日本の定年離婚に似た「たそがれ離婚」が増えているというニュースが韓国でも報道されるようになった（「五〇代以後の離婚が増えていく」『中央日報』一九九四年五月一日付）。とどのつまり、日本でしか見られない特殊現象などではない、結婚をめぐる「女性」にとっての普遍的な問題を、日本でのみ見られる特殊な現象と勘違いしてしまったにすぎない。

結婚を前提にしないで女性が男性から宝石をプレゼントされるケース、夫や父親ではない男性にお酒をつぐこと、欧米人の男性を恋人に持つことなど、田麗玉の批判のターゲットは尽きることがない。だが、こうしたもろもろの批判はどこまでも韓国の、さらに言えば女性として飼い慣らされてきた感性がさせる批判でしかない。まさにそうした「韓国女性」に普遍的な考え方が、日本の女性には貞操観念がないという叱咤につながっていく。しかし、女性にばかり求められる貞操観念なるものは、女性を抑圧してきた男性がつくったものでしかない。それだけでなく、こうした論理こそ、女性差別論を助長する根源にあるものなのである。後に彼女がフェミニストをもって任じるようになったことを思えば、皮肉なことと言わざるをえない。

異なることは罪ではない

『日本はない』では、自分が許せない考え方や行動をこのような調子で有無を言わせず批判し、「異なることは罪」であるといった論旨が一貫して基底になっている。履き物を脱いで家の中に入るとき、後でその家を出るとき履きやすいように履き物を外側に向けておくことや、小銭にも正確なことなどの文化的な違いでさえも、田麗玉にかかると「緊張が解けた心の安らぎ」を知らぬからだという批判の対象になる。しかしこうした批判は、秩序と整頓に心の安らぎを感じる他者がありうるということを想像できないことから出たものである。強いて言うなら、こうした精神的な緊張は「備えあれば憂いなし」につながるものとも言え、逆に、田麗玉が、いや多くの韓国人が好む気楽さの追求こそ、時には「備えなしの憂いあり」を誘発させることにもなろう。

割り勘をする際に小銭にまで正確を期することさえ非人間的なことであるとして田麗玉は問題視し、商売人みたいだと言うが、これもやはり商売という行為への軽蔑が根深く残されている韓国的な考え方でしかない。

図表と図面が頻繁に利用されるニュースのブリーフィングまで「度が過ぎた親切」と皮肉り——ほどなく韓国でもそれを真似し始めたのだが——、ブランドものを探し求める女性たちを「常識はずれの女性」だとして非難しながら、他方では自分自身が高級レストランを訪れる場合は、「やはりマスコミの人間というのはこだわりの人種、そして日本の富をけっこう味わうことを知っている部類」だなどと、手前味噌に表現する矛盾までさらけ出している。

具体的な根拠を示そうともしないまま、先入観だけで批判・非難を浴びせかけているのも、この本のもう一つの問題点である。たとえば「日本という社会はあらゆることがおカネで解決される、きわめて非人間的な社会」と言い、「わが国は日本よりもましな社会」だなどと彼女はためらいもなしに書いているが、日本ではどこでどのように「おカネで解決」されているのか、また韓国社会が日本の社会に比べてどこがどのように違っていてより「まし」なのかということは明らかにされない。ものを買うときクレジットカードでなく現金で支払うことさえも、日本人が並はずれて現金すなわちおカネが好きだからであり、「金銭」を「おカネ」と呼ぶのも、拝金主義に染まっているから金銭にまで敬語の接頭語「お」をつけていることになる。しかし、日本語の基礎を知ればわかるように、「お」はその単語に対する尊敬を表すものではなく、表現全体の品格を考えたものである。日本語では風呂やビールという言葉にまで「お」がついてまわるが、彼女の言うところにしたがえば、日本人はビールや風呂にまで敬意を表していることになってしまう。拝金主義にしても、韓国のほうに「より」当てはまることではなかったろうか?

田麗玉が『蝶々夫人』の主人公を指して、日本人は「人を愛した経験がないものだから、結局はどんなものでも愛であり、もてあそばれたことまでも愛と見なす」として、伝統芸能である歌舞伎を中休みの食事の時間をはさんで長い時間をかけて愉しんでいることも「どてっと座り込んで」愉しんでいると解釈するような、悪意に満ちた見方もまた、言うまでもなくこうした姿勢の延長線上にある。そうした見方こそが、いつまでも文化の差異を差異として見ることができないようにする。

日本批判論者たちがしばしばはまり込む落とし穴だが、この本でもやはり外来語を表記する片仮名が不必要なものと見なされ、日本語の非合理性が強調されている。しかし、片仮名は外国語を表記する役割だけを果たしているわけではない。そもそも、外来語が多いことを否定的にばかり見るべきではない。外来語が含まれない純粋な固有語などは存在しえないのだ。言葉というのはもともと生きていて変化するものであり、他者の痕跡を残すものである。

外来のものを表記するための固有語をつくり出さなかったことを、田麗玉は日本の国語学者の職務怠慢だとしているが、言語というものは国家がつくり出して広めるべきものではない。日本人が「テレビ」や「コンピュータ」を表現する別の固有語をつくらない——不思議なことに韓国もそうだということは忘れ去られている——のは、そこで必要とされる労力が時間とエネルギーの浪費でしかないということを知っているからである。田麗玉の考え方は、国家主義的な発想でしかない。

日本人の外来語の使用は、中学校までの義務教育に伴う国民の英語理解と切り離しては考えられない問題である。日本人は一般に英語に強いわけではないが、日本語よりも英語のほうを自然に感じる部分を英語で表現しているにすぎない。そのときの英語はすでに外来語としては認識されはしない。「パパ」「ママ」などといった最も日常的な語彙からして外来語を使っていることからもわかるように日本人にはそれらの言葉はもはや外来語ではなくあくまで日本語なのである。こうしたことは、日本民族が一般に外からのもの（他者）に対して驚くべき適応と受容力を表してきた歴史の結果でしかない。善し悪しは別にして、そうした傾向こそ日本の変容と発展の基盤をなしてきたものであったし、韓国とは異なる日本の特徴でもある。

日本を通して近代化するしかなかった韓国の過去は、近代という枠組みが生み出した新しい事柄に関しても日本語をそのまま用いるしかないものだった。それは、「哲学」「物理学」などの学術用語から技術用語に至るまで社会全般にまたがるものであったし、そうした意味では韓国もまた、とうから外来語を使ってきた。

しかし、だからといって、近代的なものの考え方の根幹をなしてきた言葉のシステムを、今になってすべて民族固有のものに取り替えることはできない。今日でも一方ではそうしたことへの努力が行なわれているが、それは旧朝鮮総督府の庁舎を取り壊すことに劣らぬくらい意味がない。そのようなことに動員できる労力と時間があるのなら、現在と未来のために使ったほうがずっと生産的だ。

屈折した被害者意識としての怒り

田麗玉は、公園などでのんびりとそぞろ歩きを愉しんでいる日本の市民に対してまで、「愉しみを味わう資格のない」日本人のそうした姿に怒りを覚えるという。しかし、彼らの現在の富と平和はあくまでも――アメリカの援助と朝鮮戦争などによる恩恵もあったろうが――敗戦後の人々の汗と努力のたまものであることを忘れてはならない。ところが、田麗玉は過去における日本の罪に対して懲罰を加えたいがために、そうした事実を見ようとはしない。

そうした心理は、日本を「白鳥の仮面をかぶった黒鳥」と見なす屈折した被害者意識から来ていると言えるが、一つの国が完全な白鳥なり黒鳥なりであると思い込むことからして、あまりにも単純かつ無邪気な発想と言うべきだろう。そうした単純な考え方こそ、複合的な存在としての人間もしくは国家というものをめぐる正確な理解を妨げるものだ。対象が複雑な存在であることを無視して単なる「黒鳥」と決めつけていること、さらには白鳥の〈仮面〉をかぶっているというレトリックで日本を二度断罪していることは、自分の考え方が正しいのかどうかを振り返ることなく他者を黒鳥と決めつけてきた自らの単純さと軽率さをさらけ出しているだけだ。韓国がかつて味わわされてきたイデオロギーを背景としたあのおびただしい排斥も、まさにそのせいであった。「アカ」という言葉がそうであったように。怒りという感情は、日本を冷静に見る理性までも曇らせてしまう。

国際通貨基金（ＩＭＦ）による韓国経済救済が始まった頃、その原因を日本に求めようとする見解も少なくなかった。しかし一国の経済的な破綻は、経済そのものの構造が単純ではないだけ、その理由を一概に言えるものではない。

もとより、経済構造自体が日本と無関係ではないのだから、まったく関係がないとは言えないのかもしれない。しかし、すでに韓国が反省したように、その原因は不良債権の処理を怠ったことによる金融不安と政治・経済の癒着、消費傾向の行き過ぎなど、国家と社会のさまざまな構造にあった。にもかかわらずすべての原因を日本に求めようとしたのが、当時の韓国の意識だった。しかし、当時韓国に最も多くの経済支援をしてくれたのは日本だった（先進国による財政支援八〇億ドルのうち、日本が三〇億ドル、アメリカは一七億ドル。『東亜日報』一九九七年一二月二七日付による）。しかしそうしたことはメディアにあまり取り上げられない。仮に取り上げられても、きわめて小さく扱われ、広く国民一般の認識にはなりにくい。例外的なケースとして、一九九七年一二月二七日付『京郷新聞』が「日本――韓国を助けるために一肌脱いだ」とのタイトルで報道したことを付け加えておく。田麗玉著『日本はない』には、このような韓国人の意識パターンの原型がある。

「正常」という考え方

最も問題なのは、田麗玉が目の前に置かれた対象を正常と正常でないものに区分けし、その際に自分に馴染んでいるものだけを正常と見なしていたことである。その延長線で日本は当然のごとく正常でないものとしてこき下ろされる。他者との差異を差異として見ようとする努力もなしに、日本という他者に向かって正常ではないと断言することをためらわないのである。

八〇年代に入ってから韓国も日本も体験した大きな航空機事故の現場で示された両国の人々の行動様式は、双方の違いを余すところなく見せつけてくれた。韓国人の多くは慟哭と失神と泣き叫ぶことによって悲しみを表現したが、日本人の多くは懸命に涙をこらえようとしていたのである。悲しい出来事に遭遇して泣き叫び慟哭する韓国では一般に見られる行動様式を、じっとこらえて自分を抑えようとする日本的な行動様式よりも人間的だと感じることはもちろん可能だろう。しかし、それは感情表現のあり方の違いでしかない。どちらのほうがより美しく感じるかは、その光景を目のあたりにする人物が属している共同体の性向、もしくは個人的な性向によって決められるものである。「正常」とは、一つの共同体が安らぎを感じる生活様式とものの考え方をその共同体の内部の人々が指す言葉でしかない。

　他者を「正常」ではないと断定することは、自分だけが「正常」だと思い込む誤謬と傲慢につながる。傲慢は、自分の見方を相対化できないところから始まる。いわゆる「正常」な人たちが、自分たちが勝手に「正常」でないと決めつけた人たちを時に支配し、排斥し、消し去るという暴力を行使してきたのが、ほかならぬ人類の歴史でもあった。

　田麗玉の日本体験記が、「日本の女性たちときたら、まったくブスだった」というような言葉で始められていることは、実に象徴的だ。この一言が物語る彼女の皮相にして主観的な視点が、彼女をして美人より不美人を見つけ出すことにエネルギーと時間を費やさせたのであり、日本に二年余り滞在する間にたった一人の美人も見つけ出せずに「(学ぶべき)日本はない」と叫ばせたからである。その結果、日本を先進国と感じたことが「ただの一度もなかった」ばかりでなく、「国家としての役割を放棄した図々しい国」「嘆かわしい国」「国家が国民を操って抑圧し、苦しめている国」であり、だから私たちが学ぶべきことは「ない」という断定に行きつく。

学び取るものはないのだから「自己流」で行こうと主張する意識がたどり着くところは、言うまでもなく日本に追いつこうとする欲望である。しかし「克日」とはいったいどういうことを指しているのだろうか。ほとんどの人は経済的なことを思い浮かべるであろう。経済と技術が発展して日本よりも豊かに暮らせる日、そんな日を田麗玉の本も夢見ている。

それにしても、ある一つの国が別のある国よりも、数値として表れるすべてがたまたま優位にあるからといって、それがそのままその国の優位を証明することになるわけではない。

韓国もある程度は経済的な発展をなしとげたが、韓国人の生活水準を問うすべての調査では、ほとんどの人がアンケートで下のほうと答えている。しかし、経済的に豊かに暮らすことより大切なのは、多くの人々が心安らかに平和な日々を過ごすことであり、それこそがよき暮らしと言えるだろう。

その意味では、日本人のほうが私たちよりもずっとよき暮らしをしている。もとより日本で学生たちは入試に苦しめられ、会社員たちはリストラの嵐にさらされ、住宅事情も決して恵まれているとは言えないだろう。しかしそれでも、日曜日ともなると子供たちは友達や近所の大人たちとサッカーや草野球を愉しみ、年輩の人たちも談笑しながら軽い運動を愉しんだりする。懐具合が寂しくても、図書館へ出かけて読みたい本やカセットテープ、映像資料などを借りて豊かな気持ちになることもできる。夏場になれば、村や町の祭りに参加して一日を浮かれた気分で過ごすことだってできるし、冬場には、村や町の鎮守様に立ち寄って甘酒などを一杯飲み、軽い気持ちで結婚や合格、家族の健康などを祈願することもできる。

何よりも、日本社会にはまだ信頼があり、不信に伴うストレスと葛藤が少ない。まさにそのことが現在日本社会を決定的に住みやすい社会にしている。もっとも、時には恐ろしい事件が生じないわけではない。しかしそれは、アメリカのさまざまなテロ事件がアメリカ社会の成り立ちと、韓国のあらゆる事件が韓国社会の成り立ちと密接に結びついているように、おのおのの国の社会が抱えている問題点が表に出てきたにすぎない。

問題点があるから先進国ではないと言うなら、先進国と言える国はなくなるだろう。日本は「経済という側面を除いたら先進国ではない」という田麗玉の見方は、経済的な豊かさが政治と文化の安定と発展に寄与し、その安定こそは先進国の条件でもあるという当然にして常識的な事実を知らぬところから来ている。

だからといって、日本には「何でもある」と言いたいのではない。どんな国であれ、「ある」部分と「ない」部分とがあって当然なのだから。それは、個人がそうであるように当然のことでもある。そうした意味では、よいところばかりを見て日本には「何でもある」と評することもやはり、日本には「何もない」と評することと同じくらい無意味だ。

問題は、ことさらに欠点ばかり見つけ出してそれを相手のすべてだと思い込むこと、言い換えれば、相手を偏見なしに見る目が自分に備わっていないことに思い至らないことにある。それはまた、自分の目に見えるものはすべてが真実だと思い込ませるだろう。その結果、ふとした拍子によいところを目にすると、それは偽善か偽りと見なす。日本に対するそうした傾向は、田麗玉ばかりでなく少なからぬ韓国人に共通する傾向でもある。

大工になりたい子供たち

田麗玉の著書『日本はない』では、日本の若者たちに上昇志向が低いことさえ否定的に見られている。だが、もとより例外はあろうが、彼らにとって職業を選ぶのに大切なのは、社会的な評価よりもその仕事が好きか嫌いかということであるはずだ。

日本の子供たちが最もなりたいのは、大工だという。一九九九年に小学生と幼稚園児を対象として行なわれた「将来つきたい職業」の調査の結果は、男の子は大工職、学者、飲食店経営、プロ野球選手、プロ・サッカー選手、医師、警察官、宇宙飛行士、ドライバー、ゲーム・プログラマー、消防士など、女の子は、軽食店経営、看護師、獣医、動物飼育係、生花店経営、保育士、医師、歌手、声優、教師、福祉関係の職員などの順序であった。

以前は、男の子の間ではプロ野球の選手やプロ・サッカーの選手に人気が集中していた。ところが、一九九六年までは四位にとどまっていた大工職が、九九年という二一世紀を目前とする時点になって、堂々と一位に進出したのである。その理由はどこにあるのだろうか。

ＮＨＫで毎朝八時台に放映された、「天うらら」〔一九九八年放映〕というタイトルの連続テレビ小説があった。

高校を卒業したばかりの少女が家族の猛反対を押し切り、男性の領分である大工職にチャレンジして夢を実現してしまうというストーリーである。この少女の母方の祖父は大工の棟梁であった。生まれつき手先が器用なわけでもなかったので、彼女は何度もヘマを繰り返すのだが、そんなことなどおかまいなしに、しゃにむに自分の「やりたいこと」に向かう。そして自分を理解しようとしない周囲の人たちの冷ややかな目や苦労に耐えながらわが道を歩む姿が、さわやかに描かれたドラマであった。日本でも、子供たちの大工志向はこのドラマの影響かもしれないという分析があったが、ほかの職業もやはり誰もが飛びつく職業とは言えない。韓国ではいわゆる専門職か、お金か権力が手に入る職業が好まれるが、社会がそうした職業の人だけで成り立つわけではない。社会の構成員のすべてが自分の仕事を立派にやりとげるためには、専門職ではなくとも専門的な意識＝職業意識こそが必要だし、そうした意味では、いかにも素朴そうに見えるこれらの夢こそ日本の底力と言わねばならない。消防士になりたくてなる子と、別のなりたい職種につくことができずにしかたなく消防士になる子のうち、どっちがより優れた消防士になるかは考えるまでもないことだろう。

女の子たちの夢もやはり、ほほえましいような素朴なものばかりである。社会の隅々に、自分の利益と便宜より相手に配慮する飲食店経営者や看護師、保育士、福祉関係の職員などのような人たちがいるとしたら、その社会はどんなに安らかだろう。第一位の、女の子たちが持ちたい軽食店となれば、アイスクリーム店かパン店、ケーキ店など、しゃれていて小ぎれいでほほえましい感じの店のたぐいである。幼い頃からそれを夢見ていた人が経営するパン店ならば、ほのぼのと落ち着く雰囲気の中でほっとするようなおいしいパンを食べさせてくれるだろう。第二位は看護師で、ここ一〇年間ではつねにベスト五に入っている職種である。その間積み上げられてきたはずの病院などでの経験が子供たちに好ましい影響を及ぼしているはずで、そのことは子供たちが憧れるに足る美しい看護師たちが今の日本にたくさんいることを教えてくれる。

私は、高齢者や失職者など弱者の立場にいる人々をいたわる福祉関係の職業が幼い子供たちの憧れの対象になっている日本に、希望を見出している。前述のアンケート結果に見られるように、平和志向で弱者たちをいたわるような仕事をよい仕事と感じ、権力志向でなく普通の人であることを願う日本の子供たちの夢の中に、必ずしも美しいばかりではない過去と現在に打ち克とうとしている日本の底力を見る。もとよりアンケートの結果は単なる童話やドラマの影響を受けた移ろいやすいものかもしれず、なかにはお金と権力への道に方向を転じる子供たちも少なくないだろう。それでも、幼き日の夢が素朴な日本の人々に、私はある美しさを見るのである。

何よりも、日本人の七二％が現在の生活に満足している（『朝鮮日報』一九九五年八月二二日付）という事実は、すでに現在の日本人の多くが自分の現状に満足して心安らかに暮らしており、もはやいわゆる愛国心などを頼りにしなくても、自分が住んでいる空間を愛することで日本という国を愛していることを物語っている。国民の一人一人が愛している国だということ、それこそが日本が「何もない」国ではないことを雄弁に語っている。

過去七年間の日本の対外経済援助（ODA）の予算は世界中で最も多かったし、アジア経済のためにも他の国よりも多い八〇〇億ドルを支援した（当時の小渕総理の発言。『朝鮮日報』一九九九年五月一日付）。こうした事実に対してさえも、日本を快く思わない人たちは、それは対外宣伝のためだと言うだろう。しかし、たとえ対外宣伝のためだとしても、充分な金額を出せない国、ほとんど援助できない国よりましなのは、言うまでもない。このことだけでも日本はまぎれもない先進国だ。

日本糾弾と一九九〇年代

日本は非人間的であり、歴史的に不潔であり、国民を抑圧している国だと決めつけた結果、『日本はない』という本がたどり着いたのは、「わが国と国民がどんなに立派で素晴らしいかがわかった」という韓国讃歌であった。このような自画自賛に、九〇年代前半の韓国人は熱狂したのであった。

それは、折しも世間に流布した「民族の精気」や「自尊心」などという言葉が後押ししてのことでもあった。そうした意味でもこの本は、世間と幸せな出会いをしたことになる。

もはや、明らかであろう。田麗玉のこの本の決定的な問題点はまさに、このような他者の否定が自分の肯定につながるところにある。そこで行なわれた他者の否定は、ほとんどが誤解と歪曲によるものだったにもかかわらず、日本流は悪だから「自己流」にしようという根拠のない自信を植えつけるものであった。しかし誇りとは、相手を否定することで得られる自己満足などではなく、振り返って見た自分の姿に自負心を持てる感情のことであるべきだ。

しかし、日本に関して「国は富んでいるが国民は貧しい」と主張したこの本のメッセージは全国に拡散し、いまだに韓国人の間ではその内容があたかも真実であるかのように語り継がれている。しかしその実状は、一万ドル稼いで三万ドル消費する韓国と四万ドル稼いで一万ドル消費する日本を同じ俎上に載せてのことだった。

無知と偏見と怒りと嫉妬が下敷きになった感情的な「日本糾弾」が、日本を知らない人々に真実として読まれ額面どおりに受け取られてきたのが、九〇年代の韓国であった。論理矛盾や事実の歪曲に目をつぶったまま、人々は韓国の民族性を褒めそやす国粋主義的な発想に歓喜した。「二一世紀は韓国の世紀になるだろうと確信した」との田麗玉の発言は、韓国人の無意識の欲望を先取りした言葉であり、折よく燃え上がりつつあった民族主義の熱風に決定的に火をつけた。

しかし、自分を顧みない自己陶酔は、発展ではなく退歩へといざなうだけだ。その数年後に、韓国は最悪の経済危機を体験した。ナルシシストに未来は「な」かったのである。

5　韓国人の「必読の小説」——金辰明の反日小説

『ムクゲノ花ガ咲キマシタ』の侵略性

　自分なりの努力を傾けたすえに相手を押さえ込めるほどの知力と技量を身につけた子供と、外で遊ぶのが怖く、鍵を固くかけて家に閉じこもってしまって力をつけることができなかった子供がいるとする。そして、その弱虫の子を腕っ節の強い子がいじめてこき使い、ありとあらゆる方法で困らせたとする。その場合の善悪ははっきりしている。いじめっ子のほうが腕っ節が強いからといって、弱い子をいじめることが正当化されるものではないからだ。したがって、弱いほうの子に同情が集まるのは当然の成り行きである。しかし、弱い子がいつまでも自分がなぜいじめられるのかを考えてみようともせず、被害者意識ばかりを肥大化させて強い子を非難し、できることなら実力を蓄えて、強い子と同じ方法で仕返ししてやりたいと考えるとしたら、それは、はたして正当化されることだろうか。

私が何を言わんとしているのか、すでにお気づきの読者もいるはずだ。この例えは、韓国で四〇〇万部も売れたという金辰明の超ベストセラー小説『ムクゲノ花ガ咲キマシタ』のモチーフである。端的に言えば、核兵器を持つようになった韓国が日本に核爆弾を投下するという仮想の結末だけで、この小説は韓国人にカタルシスをもたらすことに成功し、そうした反日を武器に、折から高揚しつつあった民族主義の熱気に油を注いだ。そういう意味では田麗玉の『日本はない』に劣らぬ役割を果たした作品でもあった。

『ムクゲノ花ガ咲キマシタ』は、過去の暴力に対して暴力をもって報復することを夢見、またそうした夢を当然のこととして描いた小説である。ところが、「目には目を」式のこのような結末を、九〇年代の韓国は何ら批判も加えずに受け入れた。小説上の設定は、日本からの先制攻撃に対する反撃という構図になってはいるが、これは言うまでもなく、植民地時代の怨念を秘めた願いを正当化させるための設定でしかない。いわばこの小説は、韓国人の無意識のうちに潜んでいる、侵略を当然視する暴力主義や攻撃性をさらけ出してみせた作品だった。

一九九〇年代の初め、韓国の人々は金辰明流の考え方を批判ではなく熱狂することによって、そうした無意識が金辰明一人だけのものではなく、じつは多くの韓国人のものであったことを裏づけた。そのような意味で、『ムクゲノ花ガ咲キマシタ』現象は、二〇世紀末の韓国の意識を赤裸々に露呈した一つの出来事であった。一つの国が別の国に加えてきた精神的・肉体的な暴力自体を批判するのではなく、誰でも力とチャンスさえあれば同じような暴力を他者に加えても許されるかのような無意識の暴力肯定論に、韓国人の誰しもが呼応したのである。この出来事はそうした意味で、九〇年代の韓国の恥部をさらけ出したことでもあった。

『ムクゲノ花ガ咲キマシタ』が読者に向けて発信したのは、弱小国として強大国に立ち向かうためには核を持たなければならないというメッセージであった。しかしながら、インドやパキスタンの核実験に対して世界が抗議したように、平和主義を目指すとすれば金辰明流の考え方が受け入れられないのは当然のことだ。こうした状況を、弱小国に限って核保有を許さない強大国の陰謀くらいにしか考えない人も多いが、地球上のすべての国々が武器を持つことだけが平和を守る道だとして核を持つ方向に突っ走ったら、かろうじて保たれている地球の平和はたちまち壊れてしまうだろう。

非核保有宣言とは、不充分であるにせよ平和への願いを込めた、文字どおり危険に身をさらして行なう一つの選択である。まさにそれゆえに大切であり、価値あるものであるはずだ。そうした意味でも金辰明の非核保有宣言への批判は、平和の名を掲げてはいても、そのじつ平和とはほど遠いものであった。

しかし、侵略―暴力がよくないということは誰しもが承知していることだ。にもかかわらず、時としてそれを忘れさせるのは、暴力の正当化である。正当化を納得させるためには、相手に対する憎悪と、その暴力があくまでも防御のためだという合理化の必要が生じる。『ムクゲノ花ガ咲キマシタ』が読者に受けたのは、この二つの条件を完璧に備えていたからだった。

あおられた怒り

とはいえ、『ムクゲノ花ガ咲キマシタ』に対してはすでに多くの批判もあるので、ここではその数年後の一九九八年初めに出版された、同じく金辰明の長編小説『天よ地よ』について考えてみる。この小説は、『ムクゲ――』を超えるベストセラーにはならなかったが、それでも数ヵ月の間ベストセラーの位置を守り続け、国際通貨基金（ＩＭＦ）の支援を受けねばならない事態に至った韓国の苦しい経済状況を巧みに利用した広告文などを通して、読者の「感性」に訴えることに成功した。

今こそ胸のうちに秘められた怒りと悲しみを、この一編の小説で洗い流しましょう。

危機に瀕した韓国の金融市場に、狡猾にして悪辣な手段をもって飛び込んできた

> 投資家の巨大な陰謀！　韓国と日本、そしてアメリカ最高の天才たちが繰り広げる世界との戦争。彼らの運命は、そして朝鮮半島と日本の二一世紀の国運は……。地球上のただ一人の人、教皇にのみ公開されたファティマ第三の予言の実体。中央庁〔旧・朝鮮総督府庁舎〕の撤去によって暴かれた地下の石柱。そこから明らかになり始めた日本の邪悪な陰謀。

宣伝文句の「胸のうちに秘められた怒りと悲しみ」というのは、言うまでもなくこの小説が出版された一九九八年直前の衝撃、すなわち一九九七年一一月末、国際通貨基金の支援を受けねばならない事態を迎えた韓国社会の雰囲気を指す。この宣伝文句に接した人々は、あたかも国民のすべてが怒りに囚われていたかのような思いをしたのではないだろうか。

もっとも多くの人々は、それぞれ怒っていたはずではある。自分が置かれている境遇を見抜くこともできずに行き過ぎた消費生活に走っていた自らの愚かしさに、自分をリストラした企業に、さらには国をダメにした政治家たちや実業家たちに……。このように、怒り狂わねばならない対象は誰よりも韓国自身だったはずなのに、この小説と宣伝文句はその怒りの捌け口を巧妙にも外の対象へとすり替えている。そのことで、韓国ではない誰か、具体的にはアメリカと日本にその怒りの矛先を向かわせる。

韓国の危機が、あたかも韓国を標的にして危害を加えようとする何者かの「狡猾」にして「悪辣」かつ「邪悪な」陰謀によるものであるかのような理解を強制しているのである。

実際、国際通貨基金の支援を受けた直後は、韓国が直面した危機を日本のせい、もしくはアメリカのせいにした人たちが少なくなかった。『天よ地よ』の広告文は、そうした雰囲気に乗じたものでもあった。証券会社をめぐって繰り広げられた外国投資家たちの「暗躍」を想像させるような、このような警戒意識が当時は大いに歓迎された。たとえば、マレーシアのマハティール首相も国内に経済危機が迫ると、自分たちには問題がないのに西欧諸国の陰謀のせいでダメになったというように、外国による陰謀説を公然と口にしたものだ。

問題を外国の責任にすり替えようとする金辰明の意識もまた、「危機」を招いた原因を分析することもなく被害者意識ばかりを助長させたという意味で、マハティールと完全に一致していた。ところが、マハティールに返ってきたのは、外国技術の導入政策によってマレーシアを発展させてきたのに今やその外国に銃を突きつけているという揶揄と、外国資本の撤収だった。

金辰明は「現在の危機は、歪められた歴史と奪われた文化、西欧資本の横暴から始まった」（『韓国経済新聞』一九九八年二月一二日付）と語ったことがあるが、『天よ地よ』でも危機の原因が他者にあるかのように考えさせつつ、根拠が定かではない警戒意識を呼び覚ましていた。新聞記事で金辰明が言う「歪められた歴史」とは、日本との過去にほかならない。そして、『天よ地よ』の宣伝文句にあった「石柱」（鉄杭のこと）云々は、まさにそれを強調するために利用されている。

この小説は、日本の軍国主義者が韓国併合の初期に早くも韓国人の「気」を動きが取れないように縛り上げたと主張する風水学者たちの意見を借用して、物語を展開している。すでにこれまでに見てきた、山や博物館建設予定地に鉄杭を打ち込んだなどというたぐいの話である。金辰明が「石柱」の存在を際立たせているのも、現在の危機を過去や他者、とりわけ日本の陰謀によるものと強調したいがためだ。こうして、民族の精気をめぐる虚構に近い言説が真実として拡散されていたがために、その数年後に現れたこの小説がリアルなものとして受けとめられたとも言えるだろう。

醜い日本人と格好いい韓国人

金辰明の小説『天よ地よ』は、日本人が天照大神という天皇の祖神を崇拝していると描写して、軽蔑と嘲笑に満ちたまなざしで、日本人は神話の中の人物を実際の歴史上の人物につくり上げようとしていると非難している。日本人が天照大神を歴史上の人物と見なしているという指摘は事実ではないが、よしんばそれが事実だとしても、檀君という神話的な人物をあえて歴史的人物と強調したがる国で言えるような話ではないはずだ。

このような間違った知識と稚拙な愛国心は、金辰明の別の小説からもたやすく目にすることができる。たとえば、日本人が韓国人の間に花札を広めて「堕落」させたのであり、それは「恐るべき悪巧み」だったという話。これは鉄杭の場合と同じく、日本と関連する否定的な要素はすべて日本人による意図的なものと見なそうとする、韓国人全体の根深い被害者意識を代弁したものだ。しかし、これは事実とは異なる。今日の日本では、花札は普通の人たちとはほとんど無縁のものとなっているし、韓国における花札遊びは、日本文化が韓国に伝わる際の韓国式変容の一つにすぎない。

金辰明の小説はこのように、自分の想像の産物でしかない日本を、いかにもそれが実際の日本の姿であるかのように描写して見せつつ「日本の野望」なるものを強調する。そうしたレトリックが否定的な日本イメージの拡散に役立つのは言うまでもない。

当然のことながら、彼の小説には普通の人々、生活人としての日本人は登場しない。これに代わって登場するのは「凶悪きわまりないモンキー」であり、独島〔竹島〕問題をめぐり、日章旗を体に巻きつけ腹を切って自決するような、前近代的な時代後れの日本人ばかりである。これなどは「独島を奪い返すための狂風」と表現されているが、狂風〔気違い沙汰〕という表現をあえて用いるなら、「独島はわれらが領土」という歌までこしらえて全国民に流布させた韓国側のほうに当てはまる。一般に独島問題に対する関心そのものさえ認めがたい日本で（その後、そうではなくなった――朴注）今では、そんなことが起こりうるなどとは想像しにくい。一国の精神を守っていると自負し、そのように見なされているはずの文学者たちが先頭に立って独島へ足を運ぶほどの積極性を示したのも、日本側ではなくて韓国側であった。

九〇年代の韓国では、日本による独島「侵略」を仮想した小説が相ついで出版された。これらの小説は、作品としての構成に違いはあるものの、独島には石油資源が埋蔵されているなど、経済的な価値がずば抜けて高いという想像や、日本がテロリストを繰り出して独島に侵攻する設定において大同小異である。これらの小説の無意識は、金辰明の多くの作品と遠くない。

小説『天よ地よ』に登場する日本人はたいていが悪者か、さもなければ信用できない悪賢い人間ばかりで、下品で卑しいうえに粗野だ。奇怪な殺気を帯びた一人の日本人が登場する場面にいたっては、三流のチャンバラ小説を思い起こさせるが、当然のことながら、これは金辰明の意識にある観念的な日本人像でしかない。この小説に描かれているのは、日常的に見られる人々とはあまりにもかけ離れた日本人と言うほかない。ただ一人だけ、人間的な人物として描かれている日本人が登場するにはするが、タネを明かせば、いや、案の定というべきか、彼には韓国人の血が混じっている。そのような日本人たちとは対照的に、韓国人は誰もがひとしなみに美貌と天才的な頭脳を兼備した人物か、快活で男性的な魅力にあふれる人物ばかりである。思い起こせば、金辰明の最初の長編小説『ムクゲノ花ガ咲キマシタ』の主人公・李もやはり、天才的な頭脳を持った人物であった。

行方不明の「精神文化」

金辰明は、「経済危機をはじめとする民族的な試練は、われわれの固有の精神文化が破壊されたところから始まった」のであり、「文化の力が弱い民族はやられるしかない」と語っている。さらにまた、「われわれの力がなぜ弱くなったのかということへの反省が、今度の小説の出発点」であったが、それは「固有の精神文化が破壊」されたためだったというのが、彼がたどりついた結論であった。おまけに、「わが国の若者たちがわれわれの固有の伝統文化から顔を背け、精神世界を忘れてしまっていることが残念でならなかった。民族の系譜は目に見えないところでつながってきており、誰もが苦しい思いをしている時期にわれわれを励まし立ち上がらせてくれる力の源になっているという事実を、彼らに知らせてやりたい」とも言う。

それがどのような性質の危機であれ、危機というものがそれまでの「力」の衰退によって始まることは、紛れもない事実である。そしてそのような意味でなら、「われわれわれの力が弱くなった」という金辰明の判断そのものに問題はない。もとより「弱くなった」と言うからにはそれまでは強かったという前提が必要で、そうした強い韓国のイメージなど実のところ虚像でしかなかったことがＩＭＦ救済の際暴露されたのだった。

しかし一九九七年の韓国の危機は、精神文化の破壊とか伝統文化から目を背けるなどということとは何ら関わりのないことであった。危機を招いた直接的な原因はあくまで、一九八八年のソウル・オリンピック以後の韓国人個々の意識、そして国家社会の構造に関わることだった。にもかかわらず、金辰明はそれを伝統や精神文化の破壊と結びつけたのである。韓国と似通った様相で危機にさらされたことのある日本やタイで、そうしたことを精神文化が破壊されたせいだという意見が出たことがあったかどうか知らない。確かなのは、もしも日本人が大和魂が足りなかったせいで経済危機に直面したなどと騒ぎ立てたら、韓国は日本を警戒のまなざしで眺めただろうということである。

国家に危機が迫ったと判断されたとき、精神文化や固有の文化が行方知れずになったと嘆いたりするのは、じつは金辰明や韓国に限ったことではない。近代国民国家が形成されて以来、多くの国々に見られた現象であった。それは危機に対処するために共同体（国民）の力を結集しようとする意図から発するものであり、それこそがほかならぬ近代ナショナリズムの起源であった。金辰明の『天よ地よ』も、そうした動きの一つの典型と言えるだろう。危機が発生した際胎動するナショナリズムには、いつの場合も警戒感から来る排他性が前提となった。金辰明の小説がおしなべて排他的なのは、まさにそのせいである。

金辰明は「間違いの出発点は文化の喪失」で、「固有の文化の系譜を引き裂かれた同胞には、堕落した物質文化への奴隷的な従属しか残らなかった」などとして、具体的には「クッ（巫俗）」がなくなったことを取り上げて「精神世界を忘れ去った」としている。このような精神の強調こそ、いつもナショナリズムについてまわるものである。

これまで、精神世界の別の表現である「民族の精気」を守るという口実のもとに、旧朝鮮総督府庁舎の建物が取り壊されるまでの過程を見てきた。それは、ほかでもない「精神」＝「歴史」を正すために、騒音や公害や交通渋滞などはおかまいなしに、まだ使える建物を、数千億ウォンという途方もない資金を投入して取り壊したことであった。ところが、金辰明は、その取り壊しからわずか三年も経っていないのに精神文化が行方知れずになったと言う。この作家の言う精神文化が民族の精気を意味しているのなら、むしろありすぎるほど存在してしかるべきだったのに、である。自分が韓国人であることを意識する民族主義的な感性の強さでは、どの国にも引けを取らないのが現在の韓国である。日本文化にはまり、「精神＝性根」を失くしてしまったと嘆かれている一〇代の青少年たちでさえ、実のところ、反日感情ばかりはどの世代にも負けないくらい強い。そうでない場合は、日本文化に心を奪われていることに罪の意識を持っていたりする。

たとえ彼らが韓国の精神世界を忘れてしまっているとしても、『天よ地よ』が語っているように「クッ」（巫女による厄払い）や「巫女」がなくなったことが、ただちに精神の破壊に結びつくわけではない。金辰明は外来宗教であるキリスト教のせいで韓国のクッや伝統的シャーマニズムが破壊されたとしているが、それは事実と異なる。クッが行方をくらましたのは近代化以後のことで、宗教的で習俗的な面が消え失せた社会の一断面でしかない。そうした意味では、破壊されたのではなくて、近代化とともに変形してしまったにすぎない。つい先頃までは村や集落などでごく普通に見かけられたクッが日常生活から消え失せることになったのは、クッの効験にもはや期待を持てなくなった韓国人たちの近代的な意識の結果でしかなく、外来の宗教が浸透したせいではない。

金辰明が批判しているキリスト教が、今日の韓国でいろいろと問題を抱えているのは紛れもない事実である。しかしキリスト教が、この国だけでなく国家というものを超越して信徒を獲得し、世界宗教となりえたのは、それが人間としてどのように生きていかなければならないかという問題に解答を示す一個の理念として存在してきたからである。そのような意味からも、クッは疑いもなく韓国文化の一つの姿ではあるが、世界宗教が持つ理念を持っていないという点で、クッとキリスト教とを同一線上において論ずることはできない。

にもかかわらず金辰明は教皇庁について、キリスト教のみを唯一の価値と見なし、その伝播のためには手段や方法を選ばぬ組織であるかのように描写し、キリスト教が意図的に他民族の文化を侵犯するものでしかないように書く。

すべての文化は意識的であれ無意識であれ、侵略的要素を持つものだ。ところが、金辰明の主張にはそうした認識は存在しない。彼の主張によるならば、アメリカのプロ・バスケットボールのゲームに熱狂したり、ハンバーガーを食べたりすることも、その民族の精神文化を失うことになる。いわば、それも「破壊」なのである。しかし、そのアメリカ人がキムチを食べたり韓国の踊りに夢中になったりしているからといって、アメリカ人が自分の精神文化を失くしたと言われることはない。彼らはあくまでも、外国の文化を主体的に愉しんでいるにすぎない。たとえキムチなしには一日も生きていけなくなったとしても、彼らが自分たちの精神文化――実体を伴ったものではないが――を失くしたわけではないように。ハンバーガーを食べることも、むろん精神文化とは何の関わりもない。

対象があまりにも卑俗なレベルにすぎるかもしれない。ならば、仏教の座禅を例に取ってみよう。一般に東洋人は、西欧人が東洋精神に心酔するのは肯定的に眺められる一方、西欧の何かに影響を及ぼされる事態に対しては警戒しがちだ。西欧の西洋文明・文化の東洋への伝播は実際のところ帝国主義と不可分であり、そうした事実に対する自覚は当然ながら必要である。しかし、外国のものを単に外国のものだからという理由だけで排斥しなければならないとしたら、残されるのは精神文化の豊饒ではなく貧困でしかない。日本文化への対応によく見られる行きすぎた警戒心を、金辰明は外国のものすべてに対しても発動させているが、人類の文化には厳密な意味での固有なものなど存在しない。程度によって、より固有的要素が大きかったり小さかったりするだけで、あらゆる文化は必然的に交流し、その過程を経てより豊かになっていくものだ。

むろん、金辰明が強調してやまない精神文化の破壊が、納得するに足るような反省につながるのであれば、精神文化それ自体を批判する必要はない。そうした精神文化ならば、排他的な愛国心などではないまことの精神につながるものだろう。しかし、金辰明の主張はそうした方向には向かっていない。

韓国人必読の書

これほどにも排他的な小説が、読者にはどのように読まれたのだろうか。


「血の涙が湧き出る現実のもとで、精神まで屈服するわけにはいかないという物語。胸にじいんときた」

「疲れ切った一日一日を痛快な日に変えてしまった小説」

「胸中の苦痛と涙、それを今この小説一編がぬぐってくれている」

「痛快だ」

「われらの現実に涙がこぼれる」

「元気づけてくれる小説だ」

「誰がわれらの気を断ち切ろうとしているのかがわかる」

……

「現在を生きていく若者たちを深く考えさせ、新鮮な刺激と悟りをもたらす」（三一歳、教師）

「お父さんが話してやりたいことが書かれているから読んでみるように、と言われた。初めの一ページを読んでからはもう、吸い込まれていくような感じがした」（一八歳、高校生）

「この本が出版されると同時に多くのことを期待しながら読んだが、韓国人として

の自分の位置を再確認する時間となった」（一九歳、高校生）
「民族的な誇りを感じさせる」（二〇歳、大学生）
「この国のことをもう一度振り返ってみて自分を反省した」（二二歳、兵士）
「自分の国の文化の大切さを改めて感じるようになった」（一九歳、高校生）
「韓国人なら誰もが読まなければならない必読の書である」（三九歳、主婦）
「近頃のように困難な時期に、もう一度わが民族の優秀さに目覚め、この難関を乗り越えていく勇気を与えられた」（二三歳、大学生）

宣伝広告に利用されている読者の声なるものを額面どおりに受け取るならば、読者たちの反応が広告が欲していたものとあまりにも見事に一致することに、驚かないではいられない。これらの読者が口をそろえて語っているのは怒りであり、目には見えない敵の確認であり、韓国人としての自覚であり、私たちはやってのけることができるという勇気についてである。彼らは金辰明にそそのかされるままに、「天機」――得体の知れない対象を失くしたことに、「胸中の苦痛」とともに「涙」をぬぐいつつ、「自分の国の文化の大切なこと」や「わが民族の優秀なこと」に酔いしれる。そして「韓国人としての自分の位置を再確認」し、「痛快である」というカタルシスを手に入れるのである。

ほかならぬこうした若者が、外国との間に摩擦が生じるたびに、等身大の張りぼて人形を火あぶりの刑に処したり、外国の大使館めがけて石を投げつけたり、火を放ったりすることもためらわない人たち（そうした姿は、外国人の目には、ある種の精神の発現と映るより、多くは理性を失くした野蛮な振る舞いと映る）に成長していくのかもしれない。

しかも、ジャーナリズムまでが口をそろえてこの小説を褒めそやしたところに問題の深刻さがある。

「投機的資本の陰謀と、日本による民族抹殺のたくらみに立ち向かって闘う主人公の活躍ぶりは、手に汗を握る」（『京郷新聞』）

「〈あなたは心底から韓国人として生きているのか〉と、鋭く問いただす一冊である」（『朝鮮日報』）

「最後の一ページを閉じた瞬間、誰もがつらい日々を過ごしている今日、私たちを奮い立たせてくれる力の根源について真剣に考えさせる」（『東亜日報』）

「韓国魂と民族の精気をテーマとした迫力あふれる小説である」（『中央日報』）

これもやはり宣伝広告に利用されたものだが、捏造がなかったとするならば、一般の読者の読後感と何ら変わるところのないこうした評価は、大衆を導く韓国ジャーナリズムの姿勢を表している。彼らもやはり陰謀と民族抹殺のたくらみを確かめたのち、得体の知れない韓国魂と民族の精気に対する自覚を新たにするのだが、相手が日本であることがそうした意識をさらに強固にしたであろうことは言うまでもない。

ともあれジャーナリズムまでが後押しした結果として、『天よ地よ』という書名からして多分にセンチメンタルなこの小説は、「四〇万の読者をはらはらさせながら、全国の書店で連続ベストセラー一位を記録」したうえ、「天も泣き、地も泣き、読者の胸さえもかきむしるただ一冊の小説として浮上」した。

しかし『天よ地よ』は、西欧の科学が東洋文化を破壊したと非難しながらも、実際には韓国の危機をコンピュータ――二〇世紀末の西欧科学による代表的な所産と見なさねばならない――によって西欧の陰謀を打ち破るといった矛盾をさらけ出した。最終的には日本と和解するという結末は『ムクゲノ花ガ咲キマシタ』の場合と異なるが、これは西欧というまた別の敵を撃退するために日本と手を握ったにすぎず、本物の和解とは見なしがたい。

九〇年代の後半、日本との関係が友好的な方向に転じるに伴い、二一世紀には日本とパートナーにならねばならないという意見があちこちで聞かれ始めた。一例を挙げると、政府系のある機関が韓日博覧会のためのキャッチフレーズを募集した際の応募作品の中には、韓国と日本が手をつないで次の世紀の主役になろうという趣旨のものが少なくなかった。

九〇年代初めの有無を言わせぬ反日主義よりは一応進展したと見るべきだろうが、その根幹にあるのがじつはまた別の覇権主義であるという意味で、肯定してばかりはいられない。

アメリカに勝利する東洋という幻想は、東洋を呑み込もうとする西欧の小説以上に危険である。過去への復讐という性格を帯びているからだ。「統一を完遂する健康にして力強い精神は、文化を回復させ歴史を正すところから得られるもの」だという、まるで金泳三前大統領の言葉のような金辰明の発言はいたって平和主義的だが、彼が言う「力強い精神」は「二一世紀にはわが国の〈気〉が、全世界に広がっていくだろう」という彼の夢の表現にほかならない。

〈気〉を広げたいという意識は、軍事主義的もしくは資本主義的な世界制覇の夢を見させる。小説『ムクゲノ花ガ咲キマシタ』にはすでに、彼の無意識のうちの侵略主義思想が表れていた。金辰明は「その昔、満州の大平原を駆けめぐった雄渾な民族の気性」を懐かしんでいるが、その気性とは、他の民族に対する侵略を伴うものであった。

そして、弱小国家として長らく苦難を強いられてきた不幸な民族であることを強調しながら、同時に他人にそれをさとられぬようにして、自分自身ばかりでなく韓国人全体が無意識のうちに夢見ているものでもある。「満州の大平原」を自分たちが「失った」領土くらいにしか思わないような考え方をしているかぎり、植民地朝鮮をめぐる日本の政治家たちのいわゆる妄言を批判する資格は、韓国にはない。

金辰明は「血」の同質性を重要視したすえに北朝鮮を美化することもあったが（『カズオの国』）、九〇年代の韓国人はこれにも寛容であった。韓国人にとっては、血の同質性がほかの何よりも優位に置かれねばならない価値だからである。ところがじつは、その同質性探しこそ排他的ナショナリズムの根源でもある。

同質性を確認するために、金辰明は「気」を強調してやまない。「誰もが苦しい思いをしている困難な時期に、私たちを奮い立たせてくれる目には見えない力——八万大蔵経と北岳山の地気のほかに、さらにどんな神気がわれわれにあるだろうか」と言うときの、「目には見えない力」がそれである。また、彼が言うもう一つの「神気」とは、檀君である。いわゆる困難な時期に立ち向かうことができるものとして、金辰明は「八万大蔵経」や「北岳山の地気」や「檀君」などという過去の、もしくは実体のわからない外部の対象を提示するのである。

著者の意図どおりに、それらには民族精神を象徴する肯定的な価値があり、韓国民族の優秀なことを表していて、そうしたことが韓国が「ルーツの古い」民族であり、「気」があふれ出る天恵の地に住んでいる選ばれた民族であることを証明してくれているとしよう。しかしそうだとしても、それらは過去の、しかも潜在的な条件でしかない。そのようなものが、二〇世紀も末の、すなわち現在の韓国の力を証明するものとして機能するわけがない。

『天よ地よ』の中で「気＝民族の精気」の象徴として登場する土偶は、韓国に危害を及ぼそうとするものたちを滅ぼす正義の使徒である。普通なら批判の価値すらないとして無視されたはずのそうした荒唐無稽な設定に呼応するものがあったということは、「固有の伝統文化」や「民族の系譜」などの言葉が、韓国では通行手形にも似た絶対的な威力を持っているからである。

金辰明が神話上の人物を歴史上の人物に仕立てるために力を尽くすのは、そうした試みがとりもなおさず歴史の悠久さとつながっていくと考えるからである。それにしても長い歴史があるということ自体に、はたしてどんな意味があるのだろうか。重要なのは歴史の古さではなくて、その歴史がどんなものだったかということであり、結果的に今日どのような姿でいるのかにある。二一世紀の初めになっても世界最強の大国の地位を明け渡していないアメリカ人にとって、歴史が浅いということは恥だろうか？　歴史の長さに意味づけすることはナンセンスでしかない。

想像力の解放と想像力の貧しさ

九〇年代には、金辰明の作品のほかにも日本を攻撃する小説が少なからずあふれ出てきたが、戦争に肯定的な視点が問題にされたことはなかった。『大韓帝国による日本侵略史』という本を書いた高元政は、日本が「ふざけた真似をするので」、韓国人の手でいっぺん度肝を抜いてやるというストーリーを思いついたと語っていた。

僕はこの小説で、わが国の歴史への苛立ちを解消したかった。いっとき僕たちが逸してしまったわれわれの可能性を、せめて仮想の歴史のなかですっきりと展開してみせたかった。（小説『たいまつ』の広告より）

「僕たちが逸してしまった可能性」とは、ことさらに言うまでもなく韓国が日本を侵略して支配する可能性ということであり、その点でこの小説は金辰明の作品と似通っている。しかし、この言葉の中に潜んでいる暴力的な侵略主義こそ、まさに韓国が数十年間にわたって日本を非難してきたものではなかっただろうか。このような仮想小説を「想像力《イマジネーション》の解放」だなどと持ち上げる、笑えぬような出来事があったのも九〇年代のことであった。力を蓄えてできることが、せいぜい復讐とはなさけない話だ。

他国を侵略しようという発想は、「想像力《イマジネーション》の貧しさ」をさらけ出すことでしかない。過去ばかりでなく未来——二〇〇二年のFIFAワールドカップ韓日共同主催——まで悪意を持って利用し、煽動しようとする動きさえある。尹《ユン》ソンホの『危険な同伴者』という小説の宣伝文句を見るとしよう。


日本、世界青少年サッカー決勝戦に進出！　うかうかしているとワールドカップも日本が独り占めするのではなかろうか……

だが、徐々にあらわになってくる日本のワールドカップ単独開催の陰謀……

パックス・アメリカーナ（アメリカ支配による平和）政策にやられっぱなしだった日本は、いよいよアメリカへの逆襲のチャンスをつかみ、第二次世界大戦後最悪と言われる経済難からの脱出を試みる。彼らは日本経済の回復を最上の価値と信じて、ふたたび正義の側に立つ人々を生贄《いけにえ》にしようとしている。このような恐るべき陰謀を見破り、これを阻止しようとした正義の人々が一人また一人と、不可解な死を遂げ……

とうとう危険水位にまで達した韓日関係を正常に戻すために、両国の若い男女が一つに結束した。いよいよ彼らの冒険と愛が始まる。

最終的に韓日双方の若い男女が協力し合って事態を打開し、殺人事件を解決するという筋立てらしいが、しかしここにも、金辰明の『ムクゲノ花ガ咲キマシタ』に通じる歪められたデマゴーグとアジテーションが潜んでいる。日本が「パックス・アメリカーナ政策にやられっぱなし」だというのは、日本の「逆襲」を正当化するための設定だろうが、日本がアメリカにやられっぱなしでいるという理解は検証を要する。ましてや、日本にとって経済の回復はなるほど重要な課題ではあるだろうが、それを「最上の価値」と信じているかのような断定は、「エコノミック・アニマル」と言われてきた日本人のイメージを強めることでしかない。むろん、ここにも日本の「恐るべき陰謀」はついてまわる。

九〇年代以後、鉄杭や血脈などを素材とする反日的な内容を持った一連の小説が登場し始めたのは、オリンピックを終えてから目に見えて強まった韓国人の民族的自負心が、排他的な共同体意識として表出した最初の現象であった。『ムクゲノ花ガ咲キマシタ』は実体のない強い国家幻想に韓国人を浸らせることによって、すでに内側から腐臭をまき散らし始めていた韓国の現実を振り返る代わりに、暴力的な仮想ゲームを通じて疑似満足に走らせた。韓国の九〇年代は、いわば仮想の日本攻撃を夢見ながら疑似満足を追い求めていた時期だったのである。

もしも日本で韓国侵略を内容とした小説が出現していたら、はたして韓国はどのように対応しただろうか。おそらく小説の中の野望を実体としてとらえ、全国民的な抗議運動が巻き起こったはずだ。

戦争とは、国家の名において繰り広げられる大量殺人行為である。日本人の過去を批判しながら、韓国は謝罪を要求している。しかし、機会さえあれば過去の日本人と同じことをしでかそうというのが九〇年代の韓国人の無意識の願望でもあった。日本に対する韓国の批判が矛盾している点は、まさにそこにある。

6 教授たちの日韓方程式

日本に対する偏見や歪曲は、大衆文学の作家やジャーナリストにばかり見られるわけではない。鉄杭や旧朝鮮総督府庁舎をめぐる先に紹介した話から、学者たちもやはり例外ではなかったことが明るみに出たが、この国で最高の知識人と見なされているソウル大学の教授たちでさえ、日本に関するかぎり偏見と歪曲の衝動から自由ではない。

旧朝鮮総督府の庁舎が取り壊された翌年に出版された『教授一〇人が解いてみた韓国と日本の方程式』(三星経済研究所、一九九六年)と題した本がある。「日本との比較を中心に、一〇名のソウル大学教授たちによって初めて示された学際的な研究成果と展望」であり、「文化先進国へと跳躍するための目覚めの試論となる」べく、「現実を直視してわれわれの立場を鋭く分析する過程を通じて、隣人たちとの望ましい関係に対する洞察力を育てたい」という趣旨のものであると、前書きに説明されている。

ところが実際には、日本の実情をまともに伝える部分より、一般の韓国人たちの日本に対する認識をそっくりそのまま繰り返すか、さもなければより論理的に見えて歪曲がずっと多いという点で、上手に解いた「方程式」とは言えない本になってしまっている。

「生まれつき」侵略的という日本観

たとえば次のような文章がある。

> 日本は外見上はきわめて西欧化した国に見えるが、情緒的には国粋主義の気風が強くて生理的に侵略性を帯びた国だ。（前掲書、二五頁）

日本では国粋主義が強いと指摘するなら、それは日本帝国主義の時代のこととして補足をつけなければならないだろう。また、日本がかつて他国を侵略したことは事実だが、「生理的」に侵略性を帯びているとの断言は、日本人には生まれながらにして侵略的な気性があるかのように思い込ませる説明だ。それにしても、「生理的に」侵略的な国民というものが存在するだろうか。

侵略や戦争は、どのような場合であれ、政治的、経済的、あるいは宗教的な「状況」——そしてそのすべての底辺に経済がある——が惹き起こす暴力である。「侵略性」という表現によってそれが日本人に根源的かつ本質的なものと決めつけることは、根本的に悪しき日本人像を再生産し、いつまでも日本人を警戒させるだろう。

あるいは次のような文章もある。

日本人の国民性と情緒は宗教によって決められていると言っても過言ではないが、日本の宗教はとことん国粋的かつ排他的である。（中略）韓国の仏教やキリスト教には国粋性や排他性がないということは、周知の事実である。（同、三五頁）

国民性や情緒というものは、宗教によってのみ決められるものなのか？　言うまでもなくそんなことはない。国民性というものは、政治、経済、文化、風土など、さまざまな要素が混じり合ってつくり出すものである。ましてや、日本という国は宗教的でさえない。

日本の宗教は「とことん国粋的かつ排他的」だと批判されているが、宗教は多くの場合、排他的な属性を持っている。宗教紛争がひっきりなしに発生したことがその端的な証拠だ。その教理に対する批判——たとえば女性差別的だというような——を伴わない無条件の崇敬を続けているかぎり、宗教はいつまで経っても排他的であるほかない。排他性は、宗教そのものの問題でしかなく、日本の宗教だけの問題ではないのである。ここでは「国粋的かつ排他的」ということを日本の特性として強調したいばかりに宗教にその原因を探し求めているが、的を射た分析ではない。

日本について書かれた多くの文がそうであるように、その批判の帰結点としての韓国への礼賛は、ここでも例外がない。韓国には「国粋性や排他性」がないと言うが、現代韓国の仏教やキリスト教がその内部で対立と抗争を繰り返し、外部にまで醜態をさらけ出してしまっていることをどのように解釈すべきだろうか。もちろん、本来はそうではなかったと言うこともできるだろう。だとしたら、こう言うほうがより適切ではないだろうか？　韓国人の「国民性」が、宗教を国粋的かつ排他的にしてしまった、と。

日本人は最先端の電子機器をはじめとする競争力の高い商品によって、全世界の市場を圧倒しているが、これは日本の宗教、大和魂がつくり出したものである。彼らは商品の製造に際して魂というものをたいそう強調する。だが、この魂を込めるために自動生産ラインを意図的に縮小させる場合もある。(同、三六頁)

日本の商品が宗教心に頼ってつくられるというのも根拠のない発想だが、「大和魂」

を強調しているこの文章は、日本人が商品を生産するとき、あたかも自分たちだけの秘儀的な儀式でも執り行なっているような奇怪な印象さえ植えつける。「その魂を込めるために」生産ラインを縮小させることさえあるという言葉にいたって、その効果は頂点に達する。商品を生産する際にまで何かしら宗教的かつ秘儀的な儀式を執り行なうというイメージを喚起させることは、彼らが生産した商品は合理的なものの考え方と技術を土台にしたものばかりではないという印象を生み出す。そうすることにより、日本人は韓国人と異なる特殊な種族と、強調しているのである。

日本人は確かに商品を生産する流儀において、彼らなりの美意識と哲学を土台としている。そして、まさにそうした点が「世界の市場を圧倒」したことも紛れもない事実だ。しかし、この文章はそうした肯定的な視点から書かれたものではない。自動生産工程のなかには人間によるチェックを必要とする部分もあるだろうが、そうしたことを人間の魂云々《うんぬん》と表現することで、日本人は韓国人とは異なる奇怪な種族だというイメージを再生産することに寄与している。韓国にとって常に日本が遠い国だったのには、こうした言説も大きく貢献した。

日本には蕎麦《そば》屋や泥鰌《どじょう》鍋屋など、代々跡を継いで二百年以上の伝統を持つ飲食店が少なくない。このような職人気質は煎じつめれば朝鮮から学んだものだが、身分を上昇させることが難しく、切りつめた暮らしを余儀なくされた一般の庶民の間で生み出された、自分を救うための生活の知恵でもあった。

わが国では朝鮮王朝時代以後、出版と印刷の発達で教育の機会が広がっていった。学問さえ身につけていれば、科挙を通して立身出世が可能な社会であった。反面、日本の庶民はわれわれと比べて教育の機会が少なく、また学識があったとしても科挙のような出世のための梯子《はしご》がなかった。日本における出世の手段は武術の腕前を鍛えることであって、学問ではなかった。（同、三六頁）

実際に日本人の職人気質も、わが国から学んでいったものである。百済人たちが渡っていって日本の古代の芸術と技術を発展させ、壬辰倭乱〔日本で言う文禄・慶長の役〕の折に捕虜となって連行されていった数多くの技術者たちが徳川時代の科学と技術の発展に寄与したことはよく知られている事実である。……わが国では儒教のおかげで科学と技術が発展しなかったという俗説は、根も葉もないものである。むしろ、日本人が身につけることができなかった人文的な教養と全人格的な思考力は、われわれのほうが日本を凌駕する一流国家になりうる潜在力と見なければならない。（同、三七頁）

結論から言えば、今日、日本から学ぶべきものがあるのは事実だが、日本の長所はわれわれの歴史的伝統のなかにそのルーツがあるのだから、わが祖先から学ばな

ければならない。(同、三八頁)

読み進んでいくほどにこうした韓国礼賛が増えていくのは、日本に関する文ゆえ、けだし当然と言うべきだろうか。

日本では商家の代を継ぐ伝統が、「身分を上昇させることが難し」かったせいだと解釈されるのをしばしば見かけるが、それはあくまでも一つの状況的な要素でしかなくて、決して前提ではない。韓国では科挙によって身分の上昇を図ることができたことは、もとより肯定的に評価できることでもあるし、日本ではそうでなかったということは、韓国の歴史的制度を肯定する立場からの暗黙の批判だろうが、韓国におけるそうした身分の上昇が招き寄せた弊害も少なくない。すべての人が自分の仕事をまっとうせず、より大きな富と権力が保証される仕事ばかりを目指すようになったら、その社会はまともに機能するだろうか。社会の構成員が各自の分野で自分ならではの仕事を最高の境地にまで高めていくときこそ、その社会は健全にして底力のあるものになりうる。それなのに、職人気質を持ち上げるときはもともとそれが韓国のものだったと強調しておきながら——韓国の職人気質はその後どうなったのだろう——、日本でそれが長らく続いたのは、「出世のための梯子がなかった」からだとおとしめるのが、この文の語り口である。

「日本における出世の手段は武術の腕前を鍛えることであって、学問ではなかった」という言葉も、後で改めて言及するが、「筆の文化／刀の文化」もしくは「文の文化／武の文化」という具合に、韓国と日本を区別する二分法的な考え方から来る誤りである。身分を上昇させることが難しかったと言っておきながら、出世の手段は武術の腕前だったとする。庶民や商人などの町人階級は、にわかに武術の腕前を鍛えて出世したということだろうか？　むろん、そうではなかった。武術の腕前を鍛えて出世するにしても、それは武士階級に限定されていた。

壬辰倭乱の折に捕らえられ、日本へ連行されていった朝鮮の匠人＝職人たちが、どのように江戸時代の日本の科学や技術を発展させたのか説明もせずに、「よく知られている事実」と見なしているのも問題だが、それでいてにわかに儒教を「人文的な教養と全人格的な思考力」を韓国にもたらしたものとして、唐突に「日本を凌駕する一流国家になりうる潜在力」と自画自賛しているのも問題だ。実のところ、日本でも儒教は盛んであった。ただし彼らは、それを宗教としてより学問として受け入れた。韓国人が教養とはおよそ縁遠い野蛮な階層と思いたがっている武士たちも、その精神的な基盤は儒教にあった。

「今日、日本から学ぶべきものがあるのは事実」だとしながらも、「日本の長所はわれわれの歴史的伝統のなかにそのルーツがあるのだから、わが祖先から学ばなければならない」という言葉のうちに隠されている意識については、もはや言及する必要もないだろう。日本の長所まで韓国のものだったと強調してはばからないこと、これは優越意識の表れのように見えるが、実際には劣等意識の表れでしかない。

農耕民族と騎馬民族

「韓国——この分野で日本の先を行く」という露骨な表題の章では、韓国という国土の環境が中国や日本よりもずば抜けてよいことを強調し、「わが国土がどんなに素晴らしいかがわかるだろう」(同、一六九頁)と自慢する。「地震や津波がなく、四季がはっきりしていて自然の景観がよい」としたうえで、「中国人が移り住むうちに日本へ行き、暮らしていけないので韓国に定着したに違いない」し、それゆえに「東アジア人のなかで最も知恵のある人々が朝鮮半島に定着したはず」であり、「現在の韓国人は彼らの子孫」(同、一七七頁)だという。

この教授の見解は、韓国人は中国人の子孫であると言っているようなものだが、いずれにせよ国土の美しさや四季がはっきりしていることを強調することは、古くから愛国心やナショナリズムを鼓吹するための手段の一つであった。日本でもすでに一〇〇年よりもっと前に、そうしたたぐいの論評が流行《はや》ったことがある。

騎馬民族は、何よりも機動性の高い人種である。実際に韓国人は、秋夕《チュソク》〔陰暦八月一五日。新米の餅や秋の果実を供えて祖先の祭祀を行なう。仲秋節とも言う〕や正月ともなると、なんと二六〇〇万人の国民が移動するなど、高度の機動性を発揮したりする。(同、一七七頁)

多くの韓国人は、平和を愛する民族として自らを表象したいときは農耕民族、雄大な気性を強調したいときは騎馬民族として自らを理解する。どちらもナショナリズムがなせる無意識の発想だが、この教授は秋夕と年末年始に帰省することまで騎馬民族の機動性と結びつけている。帰省といえば、日本人にも盆休みと年末年始には同じく帰郷する習慣がある。しかしそのことで日本人が騎馬民族になるわけではない。

それから次のような言葉もある。

日本語を少しでも学んだ人は、すぐにハングルの優れている点に気がつく。日本人は서울(Seoul)を「ソウル」と、을지로(Ulchiro)を「ウルチロ(乙支路)」、택시(taxi)を「タクシー」、한글(Hangul)を「ハングル」、갈비(kalbi)を「カルビ」と表記する。김치(kimchi)も「キムチ」としか表記できない。(同、一八一頁)

これもやはり、日本語を韓国語よりも見下したい心理が生み出した、古くから言われてきた俗説の一つだが、同じようなことは韓国語についても言える。韓国では、韓国語はどんな音でも表現できる立派な言語だと教えられることが多いが、はたしてそう言えるだろうか。さまざまな音の表記が可能だということと、外国語の発音を自国の文字で表記できるということとは、次元の異なる話である。英語であれ日本語であれ、韓国語で表記して外国人に読んで聞かせてみるがいい。自分では完璧に近い発音だと思っても、相手は私たちが期待するほどには正確に聞き分けたり理解したりしてくれないものである。

前述のようなソウル大学の教授たちの発想は、韓国語の音韻体系を中心に考えているところから生まれてきたものでしかない。日本語がただ単に韓国語の発音を表記するには適していないというだけのことで、それがただちに言語の水準を表すものではない。たとえパッチム（終声文字）のないことが外国語の発音を表記するとき不便だとしても、単語がパッチム（子音）ではなくて母音で終わる日本語の特性が外国人には発音しやすく覚えやすいという長所につながることもある。固有名詞を例に取るならば、「現代《ヒョンデ》」よりは「トヨタ」を、「朴春植《パクチュンシク》」よりは「ヒラノタカノリ」のほうを西洋人はより正確に発音し、しっかりと記憶する。近頃、韓国のサラリーマンたちが覚えにくい韓国名の代わりに英語の名前をつけているという話は、そうした意味で示唆に富んでいる。そもそも、どちらの言語のほうが優れているかという発想は、全羅道方言と慶尚道方言のどちらが優れているかという発想と変わらない。

次に「朝鮮半島の競争力」の章を見てみよう。「われらの国土に対する誤った認識を正すために書かれた」というこの章は、初めから終わりまで次のような言葉で埋めつくされている。

朝鮮半島は絹織物に刺繡《ししゅう》をほどこしたように、実に風光が麗《うるわ》しく……。

水はまたどんなに良質で豊かであろうか。……韓国人の暮らしから水を除いては、何もできない。（中略）水を加えて煮立ててこしらえる「チゲ」という料理も、よその国では見たことも聞いたこともない。

四季折々の変化は、私たち韓国人の日々の暮らしを豊饒なものにしてくれる。

……

韓国では、季節によって色彩から質感まで自然の変化に調和する衣装をまとい、サンダルやハイヒール、ブーツなどをそれぞれの季節に見合うように整えて履くようにに心がけなければ、まともなもてなしを受けることができない。季節が変わるたびに韓国人が衣替えをするのは、おしゃれのためではなくて、それが暮らしだからである。韓国人が着こなしにうるさく、その色感と調和に優れた感覚を発揮するのは偶然ではない。

砂漠の現場でも、シベリアへ行っても働くことができる能力は、韓国の勤労者にしかない。

朝鮮半島はこのように、地球上で最も幅広い可能性が秘められた土地である。

こうなるともう当惑を通り越して、あきれかえるほかない。風光明媚な国、つまり自然の眺めが優れて美しい国は、韓国だけではない。水を中心とした料理、つまり汁やスープのたぐいを食べない国が、どれくらいあるというのだろうか？　四季も、韓国だけのものではない。仮に四季がなくても、気温に合わせて衣替えをしない国がそうあるわけではない。

何よりも、先の引用で言われている特性のすべてが日本にも当てはまるところに、笑えぬ皮肉がある。

たしかに一方では、韓国では「国力の水準に比べて個人の生活水準があまりにも高すぎる」ともっともな指摘もあるし、「より重要な課題は、日本とともに生きていくことである。われわれの歴史的な経験は日本に対する正常な認識を妨げるに充分である。そのため、日本に見ることができるもの、もしくは見てしかるべきものなどを、まともに見ることができない場合がある。たとえ見えても、歪められた視線や屈折した視点が認識を妨げる場合もある」として、「偏見や狭い見方」がありうることを指摘し、「われわれが本当に成熟していたら見すごすこともできただろうが、それができなくてある事実は拡大したり誇張したりする傾向もないではなかった」(同、七八頁)という、信頼するに足る発言もある。

にもかかわらず、「歪められた視線」や「屈折した視点」が「正常な認識を妨げ」、韓国の「未成熟」さが日本認識を「拡大したり誇張したりする傾向」を育てていることが、この文章と隣り合わせの文章に見出せるのだから、やり切れない。これもやはり、九〇年代という時代の風景だった。

九〇年代初めに、ソウル大学では「学問的な言語ではない」という理由で第二外国語から日本語を外したことがあった。さらに教養講座からも日本語を外しておきながら、日本側の韓国に対する無関心ぶりをことさら主張したりしたが、早い時期から、東京大学や早稲田、慶応など日本の主要な大学には韓国語講座が開設されていた。そして、韓国が日本の総体的な姿に目をつぶり、耳を塞いで過ごしている間に、それらの韓国語講座から巣立った優秀な韓国学の専門家たちが活躍するまでになっていた。

言葉というのは、他者と出会うための貴重にして大切な手段である。ソウル大学で日本語を排除したことは、彼らが日本という他者に対して心の扉を閉ざしていることを対外的に、いや満天下にさらけ出したことだった。言語と文化について知ることが、彼ら自身が渇望してやまない「克日」のための日本専門の人材を養成する第一歩になりうるという事実さえ、彼らは見ようとはしなかったのである。

ミレニアムの年を迎えて東京大学と協定を結んでからは、ソウル大学でも多少は変わったことをうかがわせるようになったが、東京大学に先駆けて日本語文科を設置することを「屈辱」(『朝鮮日報』二〇〇〇年六月二九日付)としか考えない自尊心とは、実際には自信を失くした自尊心の抜け殻でしかない。「民族を代表する国立大学」という自負心で凝り固まってしまったソウル大学がより柔軟な精神になる日、おそらくその日こそ、彼らとともに韓国の誰もが日本から本当に自由になれるはずだ。

7　慎教授の反日レトリック

少し前のことではあるが、ソウル大学の日本理解もじつはこういうものだった。日本という他者に対する認識レベルだけを見るならば、知識人であろうと一般の人たちだろうと変わりがなかったのである。そしてそこに、問題の深刻さがある。

なかでも、東京大学に先駆けてソウル大学に日本語文科を設置することを「屈辱」的であると語った慎鏞廈《シンヨンハ》教授は、その硬直ぶりによってソウル大学を代表する人物だ。慎教授は、たとえば鉄杭に関しては、「日本人は（風水を）信じていなかったが、（朝鮮人の心に）挫折感を植えつけるためにこのような政策を用いた」と断定したことがあり、日本の大衆文化を解禁することにも反対した。日本に対する敵愾心を引き起こす発言を通して、韓国人の反日意識を煽り立てることに寄与した代表的な人物だったのである。

収奪か近代化か

慎教授が一九九〇年代に重点的に主張したのは植民地収奪論であったが、漁業協定や独島（竹島）問題と関連するさまざまな発言も、世間の注目を集めた。まず、植民地収奪論を見てみよう。慎教授の植民地収奪論とはどのようなものだろうか。これはいわば、日本の植民地支配は韓国を収奪しただけであって、韓国の近代化に役立つものではなかったという主張である。

この主張に対しては、すでに少なからぬ反論が提起されたことがある。これらの反論に蛇足を加えるなら、慎教授の論法は端《はな》から日本批判を前提に近代化を論じているために、結果的に近代化という大きな問題がきわめて単純化されているところに問題がある。

もとより日常生活を通じて韓国人に加えられた収奪と迫害は存在しただろうし、そうした事実はこれから先も存分に調査・研究されなければならないことに異論があろうはずはない。しかし、ある研究によれば、日本の政策は農民階層に対しては収奪的だったが、地主階層に対してはかえって恩恵的なものであった。そのため、総督府に対する抵抗もそれぞれの階級間で異なるほかなかったという。だとすれば、収奪ばかりを強調すべきではなく、階級間にどんな差異があったのかを明らかにすることのほうが、より生産的だろう。

　鉄道を例に見てみよう。鉄道は近代の大きな象徴であったし、それまで想像もできなかったスピードで走る汽車は、当時の人々にとって近代の驚異そのものだった。たとえその利益にあずかるのはきわめて限られた階層にすぎなかったとしても、当時の鉄道は紛れもなく近代そのものだったのである。

　ところがその一方で、鉄道は日本を日露戦争の勝利に導き、その結果として韓国の植民地化を決定的なものとした。その意味では、鉄道は疑いもなく収奪の手段であった。したがって、植民地支配は収奪でありながら近代化であったと言うほうが真実に近いだろう。

　日本の一部の右翼勢力が、日本が植民地化によって韓国を文明化したと主張するのは、言うまでもなく収奪よりは近代化ばかりを見ようとする意識の結果だ。そして、そうした意識が批判されなければならないことは当然である。どんな場合であれ、植民地化それ自体は肯定されるべきものではないからだ。そもそも、近代化そのものも善とばかり見なすことはできない。

　しかし、だからといって、文明の流入の全否定が正当化されていいわけではない。そうした論理は意識的――ほとんど政治的な理由で――、もしくは無意識のうちに近代化の両面を見ようとしないという点で、日本の右翼勢力の論理と何ら変わらない。

植民地化は、必然的に文明と収奪を同時にもたらす。フレデリック・ジェイムソンが語ったように、植民地とはそれ自体がある意味で「近代の実験室」であった。言い換えれば、それは近代化の名のもとに行なわれた収奪であった。そのような意味で、植民地収奪論はそれ自体が成立しないと見ることもできる。植民地化とは紛れもなく、ことさらに言うまでもなく「悪」である。大切なことは、それを収奪としてのみ記憶に蘇らせて憎しみを育てることではなく、植民地化がどんな具合に文明の顔をして近づいてきたのか、その文明が含む問題とは何だったのかを見ることであるはずだ。これは、現在と未来における別の形の支配と搾取を防ぐためにも必要なことである。

「脱植民地主義国家の権威主義と民族主義的な知的エリートとの間の共犯関係は、ナショナルな文化の本質主義と排他性を強化させるように作用している」（姜尚中『オリエンタリズムの彼方へ』岩波書店、一九九六年）という指摘もあるが、慎鏞廈教授はそうした一つの典型を示している。もとよりこれは慎教授ばかりでなく、民族主義的な路線を取りながら実際には民衆の側でなく国家の側に立っているように思われる、少なからぬエリート層に当てはまることである。

九〇年代の韓国における反日的な動きに対抗するように日本でも険悪な雰囲気が生じたことに対して、慎教授は「自分たちの恥部が暴露されたものだから、恥ずかしくなって険悪な雰囲気になったのだ」（『新・日本の覇権主義と韓日関係』三三九頁、金羊社、一九九三年）と語っている。自分に対する批判になぜそう言われたのか耳を傾けようとはせず、有無を言わせず相手に非があるとしか理解できない、このような考え方こそ対話を妨げるものだ。

独島（竹島）問題――「日本は喜び勇んで」のレトリック

植民地収奪論よりもよく知られている慎教授の主張は、日本との間に漁業協定が結ばれたときの発言だろう。慎教授はそれまでにも独島（竹島）問題で強硬な立場を示してきたが、漁業協定が結ばれる際に独島問題と関連させてさまざまなことを主張した。独島問題はまだ解決されていない状態なので、ここではそれ自体についての言及は控えておく。

問題は、独島が韓国と日本のどちらの領土に属するのかということよりも、独島問題をめぐって繰り広げられた韓国の全国民的な怒りと運動が物語る、韓国ナショナリズムの行きすぎた熱気のほうにある。韓国は「独島はわれらが領土」という歌までつくって全国的に普及させてきたし、韓国人なら独島問題を知らなければならないとされていたが、日本では島根県など少数の人々を除いて、一般的にはこの問題にさして関心がない。このような関心の薄さは独島をめぐる反応ばかりでなくて、サッカーのワールドカップを誘致するときも同様であった。韓国でのように全国民が一様に興奮する熱狂的なナショナリズムの表出は、現代の日本ではあまり見かけない。日本も帝国主義時代には天皇制のもとで全国民的な規模でナショナリズムでまとまっていたが、現代に至ってそうしたありさまが残されているのはむしろ韓国のほうだ。

全国民的な熱狂が可能なのは韓国ではナショナリズムが強いせいだろうが、より正確に言えば、そんな具合に反応せざるをえないように仕向ける知識人たちと、彼らの見解を何ら批判することなく伝えるばかりか、時には歪曲・誇張することさえためらわないメディアのせいでもある。

ある新聞に寄稿した慎教授の主張を見てみよう。

「独島問題をはっきりさせよ」

独島は韓国固有の領土であり……

いいいい、日本は喜び勇んで、鬱陵島と独島との間の日本側提案EEZ〔排他的経済水域〕警戒ラインを西のはずれとして……

新しい漁業協定による韓国漁民の怒りがひとまず鎮まるのを待って、日本は次の段階で独島問題を持ち出してくるはずである。そのとき「中間水域」内に入るわれわれの固有の領土である独島は暴風の中に投げ出されるだろうし、このたびの新しい韓日漁業協定のなかで日本側が目論んでいる意図と、これに同調した韓国諮問委員の本質が赤裸々に暴き出されるだろう。……

今や、われらの国力とわが国民および政府の強力な意志だけが、独島を守れることが明らかになった。……

このたびの新しい韓日漁業協定は独島に対する領有権を傷つけ、独島を危険に陥れた。（『朝鮮日報』一九九九年四月一九日付）

この一文は内容も不確かなものだが、ここで問題にしたいのはそのことではなく、内容に説得力を持たせるために駆使されているレトリックの方である。
韓国の間違った――慎教授はそう思っているらしい――決定に「日本は喜び勇んで」いたと、まるで日本人の腹のうちをのぞき見でもしたかのように断定する。漁業協定のなかで「目論んでいる」という言葉遣いもやはり、金辰明や風水学者たちのレトリックを通してすでに見てきたのと同様の表現である。いわば狡猾にして邪悪な策略をめぐらす国としての日本のイメージを増幅させるもので、同じようなレトリックが慎教授の文章にも例外なく用いられている。たとえば、韓日漁業協定の締結は独島の領有権問題と関わりがないと主張する外交通商部（省）に対する反論を展開しながら、そこでも「屈辱外交のモデル」とか「日本の独島侵奪長期戦略」とか、「（日本の）戦略に韓国の外交通商部がしてやられた結果」（「茶山コラム」『韓国経済新聞』一九九八年一二月一四日付）など、読者を刺激する断定的な表現を用いている。当時の人々は漁業協定の問題をめぐって興奮し、金善吉海洋水産部長官を解任させるまでに激昂したが、これらの人々が事態を充分に把握していない状態で激昂したのは、このような語り口に影響された結果だと言える。

しかし、このときの協定の当事者たちや専門家たちから少なからぬ異議が提起されたことは、すでに知られているとおりである。たとえばある当事者は、韓日漁業協定は「独島とは関わりが」なく、「新しい韓日漁業協定によって、独島とその周辺一二海里の領海が影響を受けることもなく、日本に明け渡したこともない」うえ、「漁業協定の締結いかんとは関わりなしに、独島周辺にはわが国のＥＥＺが厳然と存在している」（崔勝浩外交通商部条約局長、『韓国経済新聞』一九九八年一二月一〇日付）と強調している。

そして、次のような意見も存在する。

慎教授は、協定が韓日両国の排他的経済水域（ＥＥＺ）に適用されるという規定を見て、これはＥＥＺを取り扱う協定だと主張している。だがこれは、協定が適用される海域の範囲と、協定によって扱われる問題すなわち物的対象は、別個のものであるという論理を理解できないところに起因する。この協定はＥＥＺという海域

の範囲内で発生する漁業問題を取り扱う協商である。（鄭海雄外交通商部国際法規課長、『朝鮮日報』一九九九年四月二四日付）

鄭課長はまた、慎教授が「中間水域の外郭ラインを中間ラインと誤認」したのであり、このたびの協定では「中間ラインもEEZの起点も、EEZの境界ラインも存在しない。東海〔朝鮮半島の日本海側の海域を韓国ではこう呼ぶ〕で両国間の距離が狭い海域では、沿岸から三海里以内の水域をそれぞれ沿岸国のEEZと見なして、漁業秩序を構築したものであるから、いかなる中間ラインも協定には現れない。EEZの境界確定を先送りにして結んだ協定に、EEZの境界を確定した論理を求めようということからして、根本的に間違っている」とも指摘した。

また別の人物は、「韓日漁業協定に関する賛成か反対かという論争には、一言で言えば呆れ返ってものも言えないくらいだ」としたうえで、「事実まで歪めて世論を間違った方向へ導いているのを見るに見かねて、国内の国際法学界の重鎮二〇余名が昨年末に七項目にわたる意見書を発表した」と語る。この人物も、協定が漁業に限定されたもので、独島領有権の問題とは別個であり、EEZ経済協定ではなくてこの水域内の漁業分野のみで暫定的に合意したものであると言う。さらに、「漁業に関する協定に独島問題をどうして絡めてきたのか、そしてそれが独島問題にどんな影響を与えるかを検討することもなく、国民感情を刺激するのは嘆かわしいこと」であるとして、「われわれの立場をさらけ出すような論争を無分別に繰り広げるのは、はたして望ましいことだろうか?」(朴《パク》チュンホ国際海洋法裁判所裁判官、『朝鮮日報』一九九九年四月四日付)と問いかける。

しかし慎教授のレトリックは、その意図がまさしくその「国民感情を刺激」することにあるかのように思われる。実際に国民世論は海洋水産部(省)の長官(大臣)を辞めさせるところまで追いやったのだから、長官はいわばこの「国民感情を刺激」した結果、スケープゴートとして辞任した恰好となった。長官が実際にしっかりと仕事をしたのかそうでなかったのかを離れて、この間の過程はまさしく魔女狩りを彷彿とさせるものであった。

ところで、海洋水産部の長官は辞任する際に重要なことを指摘した。「韓国は一年間の総漁獲量のうち五%にもならない量を日本水域に依存しているだけであり、底引き網漁法の主たる漁場は済州島の西部で、日本水域での漁獲量は二%にも満たない」(「韓日漁業——私にも言い分がある」『朝鮮日報』一九九九年三月二五日付)というのである。

これではっきりわかるのは、韓国の誰もがまるで全国民的な問題であるかのように興奮させられたこの漁業問題は、実のところ漁民の問題だったことである。すなわち、総漁獲量のうち五％にもならない量、そして二％足らずの底引き網漁法に関係した漁民たちの経済権をめぐる争奪戦だったということである。したがって、映画人たちを助けるために映画クォータ制を主張するのと同じ論理で、韓国は漁業問題をめぐっても国民全体が激昂させられたことになる。九〇年代の初めにウルグアイ・ラウンド〔GATTによる最新の多角的貿易交渉〕に対して猛烈な反対運動を繰り広げ、「身土不二」という言葉を流行らせたのと同じ構造を、漁業問題も抱えていたのである。

あの当時、ウルグアイ・ラウンド反対運動の先頭に立った人々の主張は、韓国は農業国であり、ほかならぬ国土から生産されるものを犠牲にすることはできないという論理であった。これはあえて言えば、土地中心主義というべきものであったし、ナショナリズムが自らの根拠とするものでもあったが、ナショナリズムはあらゆる分野で頭をもたげるものだ。だからこそ映画人であれ漫画家であれ、「われら」が文化を絞め殺してはならないと国民の全体を脅すことができたのである。ましてや絞め殺されるのが農民であり漁民だということになれば、「ふるさと」のイメージとも結びついてより激しい反応を示すほかかない。

全体の問題ではなくある一分野の問題だから、関心を持たなくてもかまわないと言っているのではない。重要なのは、漁業協定に関することが該当する水域の漁民たちの経済権をめぐる闘いだったということを知っておくことである。問題の本質をまずしっかりと理解してこそ、それに適切に対処することが可能になるはずである。

韓国がIMFの管理下に置かれたとき、最も多くの支援を惜しまなかった国が日本だった。それに報いるために、韓国の漁民たちを犠牲にしてもよいということではもちろんない。記憶すべきは、ある一つの分野の対立がもとで――しかもそうであることさえ知らずに――、国を挙げて対立するような事態に陥るのは消耗が多いということだ。日本でもやはり、漁民と関わりの深い地域の人々、つまり選挙を意識した強硬派が、漁民の利益を保護するという口実のもと、自分たちの存在をアピールするために強硬な主張を展開することがある。だとしたら、当事者たちが時間をかけて対話することで、賢明な解決を図ればいい。

漁業協定担当者の話

ところで、このような実状を知りながらも、はたして問題点はどこにあるのかということを探るために日本側の漁民を取材した記者はいなかったようだ。韓国のマスコミはこちらの漁船が拿捕された事実ばかりを大きく取り上げるだけで、なぜそんなことになったのかにはさして関心がないようだった。

メディアは、目の前で起きている韓日間のいざこざの原因がはたしてどこにあるのか、対立の背景に何があるのかを明らかにして伝えようとする努力よりも、韓国側の漁民に対する同情心を煽るような報道ばかりしていた。日本側の漁民を取材した記事があるいはどこかにあっただろうか？　ほとんどのメディアは、連日のように「拿捕」とか「殴打」などといった煽り立てるような文句を並べ立てることで、国民の反日感情を高める役割を果たしたのである。

たとえば、日本が韓国との漁業協定を破棄してからというもの、韓国のテレビは、日本近海で操業している韓国の漁船を日本の漁船が威嚇しているとして、何隻もの日本の漁船が韓国の一隻の漁船を取り囲んでいる光景、韓国民としては敵意と怒りに囚われないではいられない光景をたびたび放映したものであった。しかしながら、そのときの日本側の立場がどんなものであったかについては、私の知るかぎりではほとんど報道されなかった。

漁業協定が妥結したときのある日本の新聞によると、「日韓漁業条件の合意」という表題のもとに、「新漁業協定」「ズワイガニの底引き網漁禁止」「資源の管理」「日本は歓迎」（『読売新聞』一九九九年二月六日付）といった小見出しが目にとまる。そして記事の大部分で、操業方法や漁船の数など「資源の管理」をめぐる協定の締結が「最大の懸案」だったことを知らせている。さらに、この合意を「韓国漁船による底引き網漁などの全面禁止を要請してきた日本の漁業協同組合連合会が歓迎した」とも伝えている。

そうかと思えば、金大中政権が登場して以後、韓日漁業協定に関する再協議を提案してきた日本側のある担当者は、テレビのインタビューで次のように語っていた。

私どもが一方的に漁業協定を破棄したのですから、韓国の漁船がわが国のほうへ来て操業したとしても、何も言えないでしょう。しかし、私どもが申し上げたかったのは、韓国側があまりにも網目の小さな漁網で操業していることに対する抗議でした。魚類を捕獲すること自体は致し方がないとしても、そうしたやり方では稚魚までがすっかり捕獲されてしまい、遅かれ早かれ海の資源が枯渇してしまうのは火を見るより明らかですからね。それなのに、いくら言葉を尽くしても韓国側は耳を貸そうとしないんですよ。われわれは何よりも、そうした問題などを含めて意見を交換したいのです。

この談話はそもそも何が問題なのかがよく知らされないまま、韓国人の多くが激昂状態に陥っていたという事実を教えてくれる。

韓国における日本に関する報道姿勢、とりわけ両国が対立している問題に関する報道姿勢は、ほとんどがこのような隠蔽と歪曲で埋めつくされてきたと言っても言いすぎではない。いわば韓国人の感情に訴えるばかりで理性的な判断を加える余地など残さない語り口を、マスコミは意識的にもしくは無意識のうちに用いてきた。そうした意味では、韓国は、解放の日から半世紀を超える間、実際に使うべき分量以上のエネルギーを反日に使ってきたことになる。

独島問題はいまだに解決されていない。今のところ二〇〇二年のFIFAワールドカップを前にして韓日両国とも口を閉ざしている様子だが、ワールドカップが終わったら本格的に問題になる可能性が大きい〔周知のように二〇〇五年に問題は表面化した〕。相変わらず政府の独島問題に対する姿勢が批判されているが、これもまた有無を言わせぬ告発や糾弾や非難を浴びせるよりは、相手の言い分にも耳を傾けながら対話を重ねる必要があるだろう。

日本が独島を自分たちの領土だと主張する主たる根拠の一つに、一九〇五年にまず島根県に帰属させたということがある。自分たちの領土だと信じて疑わぬ島根県は、島根県の面積も独島の面積を加えて計算している。一九〇五年といえば、韓国が日本に併合される五年前のことである。言うならば韓国人がまだ世界の動向に疎いときに、一足先に世界の動きを把握した日本人が独島を「法的に」自分たちのものにしてしまったわけである。そうしたことからもこれは、法の公正性と横暴、倫理と規範、地方経済と国家経済の問題など、デリケートな尺度で測りながら解きほぐさねばならない容易ならざる問題である。繰り返すが、そのとき大切なことは、独島問題や漁業問題とは、韓国の東海岸地域の漁民と島根県の漁民との対立が国家間の代理戦争として表出したものであることを理解することである。

戦争は実際のところ、国家と国家の全面的な対立からではなく、地域紛争から始まる場合が少なくない。いわば、小さな共同体のそれぞれの利益や考え方をめぐる紛争に、彼らが属する国家が介入するのである。そして多くの若者たちが、本当は誰のための争いなのかも知らぬまま、「お国」と「民族」のための闘いと考えて花びらのような命を投げ出す。そのような愚を二度と繰り返さないためにも、今こそ知恵と思慮深さが求められる。

第2章

侵略する日本と利己的な日本人

1 「日本文化は卑しい」

一九九〇年代は紋切り型のレトリックを用いた反日論が、韓国人の多くの中に根を下ろした時期だった。たとえば、九〇年代の半ばにある新聞は大学一年生を対象に意識調査を行ない、彼らが韓国文化の長所として「固有の文化」を持つことを挙げ、今後警戒すべき外来文化として日本文化が注目されている（七一％）と伝えている（『朝鮮日報』一九九五年一〇月二四日付）。ちなみに、アメリカ文化と答えたのは二％にすぎなかった。アメリカ文化も日本文化以上に多く入っているというのにである。

こうした結果は、韓国人の多くが日本をことのほか警戒していたことを示している。その警戒心は、かつて日本に植民地支配された体験から、日本の文化が韓国を「手なずける」のを怖れた結果である。日本の大衆文化を開放することにあれほど激しい反対があったのも、まさにそのためだった。

であれば、日本文化開放に民族解放の日から五〇年以上もの歳月を要したのは、しかたのないことだったと言えよう。しかし、そうした文化的な鎖国体制がこの五〇年もの間、日本との交流をさらに困難にしてきたのも事実である。長い間、韓国人は日本とじかに接することが許されなかったし、よい部分であれ悪しき部分であれ、それらはいつも幾ばくかの「イメージ」でフィルターがかけられていた。

「卑しい」文化からの侵略

日本文化の開放をめぐる議論がたけなわだった頃の話である。当時もっぱら話題になったのは、「卑しい文化がどっと流れ込んできて、好ましくない影響をまき散らす」「国内の文化産業は根こそぎ揺さぶられるだろう」「われわれの情緒とマッチしない日本文化を模倣する青少年のことが案じられる」「正しいものを選別して受け入れる水準になったら……」「われわれには優れた文化がいくらでもある」「ただでさえ青少年犯罪が横行しているのが現実なのに、もしも日本の大衆文化が開放されたら、その結果は火を見るより明らかなこと」（『韓国経済新聞』一九九五年一月一日付）といった見解だった。

ここにも日本をおとしめる意識、警戒心、「われわれの情緒」を強調するナショナリズム一般の排他意識がうかがわれる。「われわれ」という言葉そのものが、じつはすでに排他的だ。

自分たちには固有のものがあるから他国のものはいらないという論理くらい不幸な見方もない。これは、国産の鉛筆を愛用しようという呼びかけと変わらない。しかし、鉛筆程度なら我慢できても（とはいえ、美しくて書きやすい鉛筆も広い意味では精神的な満足感を与えてくれる立派な「文化」である）、文化への欲求はつねに「異なる」ものを渇望するものである。

毎年のように途方もない数が入り込んでくるアメリカ映画を、アメリカ文化による侵略だなどと意識しないわりには、日本映画が入ってくることを侵略と見なしてきたのは、日本に関する限り被害者意識から脱け出すことができなかった証拠であろう。そしてその被害者意識こそが、長らく韓国を自閉的な子供のようにしてきたのである。ソウル市内でおおっぴらに日本映画が上映されている昨今、日本人は文化侵略を行なっているのだろうか。「侵略」という言葉に「意図して」という意が込められていると解釈するならば、これに対する返答は「ノン」である。

日本としては、むろん売れるに越したことはないだろうが、日本には韓国のほかにも世界中に数え切れないくらい市場がある。日本が日本文化の開放を要求したとか、侵略を企んだとかいう声は、過度の警戒心が生んだ被害者意識の表れでしかない。もとより、文化交流の次元では日本文化の開放は求められることがあったかもしれない。世界中で日本に対する文化交流の門戸を閉ざしていた唯一の国が、韓国だったのだから。

いずれにせよ、たとえ日本が文化を輸出したがっていたとしても、それをもって日本を非難していいわけではない。韓国にしてもやはり、韓国の文化を輸出したいと思わないわけではないだろう。自国の文化を他国に知らせたい欲求を持っているのに、日本ばかりを非難するのは矛盾している。にもかかわらず、日本製品が売れるのは日本人が得意としている「商才に長けた腕前」（趙良旭《チョヤンウク》『千の顔――日本、日本、日本』二一八頁、チョンハン、一九九〇年）があるからで、韓国の商品がよく売れるのは進取の気性に富んでいるからだとする解釈はいまだに少なくない。この「商才に長けた腕前」という言葉は、バレンタインデーにチョコレートが売り出されていることを非難した文章に見られるもので、著者は次のように書いている。

チョコレートのおかげでたんまりと味をしめた商人たちの、ぱっちりと見開かれた目玉が左に三六〇度、右に三六〇度回転しないはずはない。イヌイットに冷蔵庫を、アフリカ人に毛布を、耳の聞こえない子供にウォークマンを買わせる腕前が、錆びつくことがあろうか？

商品を売るための戦略を商才という言葉でひっくるめて批判することはたやすい。

しかしながら、そのためには消費行動に対する多少とも成熟した考察が必要である。何よりもそのすべては、日本だけに当てはまる事柄ではない。

日本映画の解禁と韓国映画の躍進

日本文化を開放すべきかどうかをめぐって議論が繰り返されていた頃、あるテレビ局ではニュースの時間に視聴者へのアンケート調査を実施して、否定的なその結果を示しながら、「政府はこのような反応を知るべきである」と批判的に挑発したこともあった。このような報道姿勢もまた、世論をあるがままに伝えているかのごとき正義を装いつつ、実際には世論をそうした方向へと故意に導くものでしかない。前章で取り上げた鉄杭事件で見たようにほかの分野に関しても、韓国のテレビ・ニュースはことのほかそうした傾向が強い。

当時、日本は過去の問題に対して誠実ではないから文化を開放する必要はないという意見も、少なくなかった。ところがこれまで見てきたように、日本に対する理解は、誤解している場合が少なくない。だから、日本人が本当に「過去に対して誠実ではない」のかどうかも、にわかに断定することはできない。さらに言えば、誠実さと文化とを引き換えにしようという考え方にも、問題がないわけではない。また、日本文化を開放することは、韓国の側だけが過去を清算することになるとして反対する人たちもいたが、文化の開放は過去の清算を意味するものではない。

　文化開放とは関わりなく、韓日両国の間には依然として過去が存在しており、それをめぐる議論は続けられている。開放が過去を清算する証《あかし》だったとしたら、歌謡や映画のほかのすべての分野ですでに開放が実現している現在、韓国は日本に対して過去を清算したと言えるのだろうか？　日本映画が上映されているという事実は、韓国が過去を清算したことになるのか？　大衆文化の開放と過去を清算することとは、関係づけるべきことではない。

　数多くの意見のなかでも、開放によって国内の文化産業を危機に陥れるという保護主義的な考え方は、多くの人々に脅威を感じさせるうえで最も説得力に富んでいた。しかし、次のような指摘は、マスコミのすべてが必ずしも否定的な役割ばかりを果たしたのではなかったことを物語っている。


　問題の核心がそれ（社会・経済的なショック）であるなら、われわれはそれを偽りなしに正視しなければならない。問題の本質は、われわれに日本人ほどには物を商品化する能力と頭を使うだけの熱意と「ノウハウ」がないところにあるという、この明白にして否定しがたい事実を、ご大層に「民族文化の保護」云々の話にすり替えてお茶を濁すのは、やめにしようということである。（「柳根一コラム」『朝鮮日

報』一九九四年二月五日付)

外国の歌手のCDがよく売れるからといって、韓国のCDが売れないということはない。マイケル・ジャクソンのCDが飛び抜けてよく売れるからといって、チョ・ソンモのCDが売れなくなることはないのである。日本映画が開放された翌年の一九九九年に、韓国映画がかつてない躍進をとげたことを思い起こしてみよう。これは、保護主義的な考え方だけでは説明できない現象であった。

人間とは、自分と違うものや新しいものへの欲求も強いが、自分のものへの執着も強いものだ。そればかりではない。まわりを他人のもので囲まれるとなおさら、危機意識を呼び起こされるとともに自分のものへの愛着も強まる。外国文化が入ってくるからといって、自国の文化が廃れることはない。

外から入ってくる文化との摩擦に立ち向かっていくだけの力を持たない文化なら(もとより産業の場合も)、かえって廃れてしまったほうがましだ。もちろん、新自由主義的な考え方を言っているのではない。しかし文化の存在価値は、顧みられない文化の生産者たちが生きながらえることにあるのではなく、人々の知性と感性を磨き、慰撫を与えることにある。だから、多様な消費者たちを幅広く吸収する底力を蓄えられない文化が、政府の保護のもとにかろうじて命脈を保っているありさまは、文化の生産者たちのためにも消費者たちのためにも望ましい姿とは言えない。人間の自由な精神を表現する手段と見なされている文化が、お上の保護を受けねばならないというのは滑稽なことだ。厳密に言えば、お上に保護された文化は本物の文化の本質から逸脱している。

単眼的な視点で目先の危機を怖れてばかりいたら、韓国はいつまで経っても世界に誇れる文化を生み出せないだろう。むしろ、外部からの文化的なショックを怖れることなく受け入れて初めて、次の世代に花を咲かせる新しい文化を創造する可能性が見出せるものだ。

言い換えれば、外来文化がどんなに高級だとしても、そのせいで国内の文化が廃れてしまうようなことは決して起こりえない。いわゆる一定の文化市場を確保することができないときに消滅していくのは、多くの人々が主張するように民族言語や民族文化などではなく、高品質の文化に太刀打ちできない品質の文化——たとえば偽ブランドに代表される、文化の担い手としての最小限の意識さえ持たない安直なもの——だけである。たとえ量が少なくても、困難な状況のもとで生き残った文化を育てていくほうが、ずっと生産的である。

文化ばかりでなくある分野に対する無条件の保護は、短期的には利益を保証するかもしれない。しかし、長期的に見れば力を弱めることになる。たとえば、企業のための貿易規制は官民癒着が生まれる原因にもなるし、結局は、まともな設備と技術投資にではなく政治家の懐へとカネが流れ込む愚かな結果を生んでしまう。

もちろん、突然ともいうべきグローバリズムの波は暴力的ですらある。大切なことは、そのときそのときの状況が必然的もしくは妥当なものなのか、あるいは一方的な暴力なのかを判断しながら対処することである。無条件の開放でもなければ無条件の保護でもない、外国人にも納得できるような対処が必要なのである。

強烈な被害者意識に基盤を置いた国粋主義とナショナリズムのもとで、すでに韓国は長すぎる期間にわたって異文化と接することを阻まれていた。異文化との接触が阻まれるということは、それこそ非文化的なものの考え方が韓国の社会では長らく一般的であったことを意味する。九〇年代の初め、世界が共有している映画や音楽を観ることも聴くことも許されないのに——日本映画が一年に三本も国際映画祭などでグランプリや賞を獲得していたとき、韓国はそれらをリアルタイムで観ることができなかった——、韓国は自分の国が先進国の仲間入りをしたものと思い込んでいた。ところがその頃、韓国は文化的な後進国であったし、文化的に孤立した状況は外から眺めると北朝鮮の現実とさして異なるものではなかったろう。

あるいは、人々は日本文化のごときは知らなくてもいいと思っていたのかもしれない。しかし、韓国がそう思っている間に、つまり韓国の人々が目を覆い耳を塞いでいる間に、日本文化は世界的に認められる普遍的な世界文化にまで大きく成長した。

今日の経済動向はもはや、自国内に目を向けるだけでは済まされないところまで来ている。文化は精神的な高揚をもたらしてくれるものだが、商品としても流通する。商品としての文化の輸出につながる韓国文化の発展のためにも、日本文化の開放は必然的なことであった。日本文化が今日の水準にまで到達することができたのも、長い年月をかけて積極的に外国文化を受け入れてきた結果である。

遠い国としての日本

韓国にとって日本がただ遠いばかりの国であったのは、日本という国がにわか成金の経済大国くらいにしか、あるいは、かつて韓国を苦しめた国としか認識されなかったためである。言い換えれば、数十年間にわたって、日本人も同じ赤い血が流れている人間であると認識する機会――文化を受け入れることだけがその役割を果たす――から自らを遠ざけたためである。

文化は、外国に対する理解を助けてくれる最高の媒体だ。わけても映画と音楽は、その表現が直接的であるうえに大衆的という意味で、一般の人々に対する影響力がきわめて大きい。アメリカやフランスについて書かれている本を一冊も読まなくても、さらにまた実際に行ってみなくても、おぼろげながらその国の人々を感じることができるのは、映画や音楽のおかげだ。

日本文化から切り離されていたのは何よりも、日本がかつて韓国を侵略したということから来ているが、じつは逆に、そうした間柄であればなおのこと、彼ら日本人を知るよう努力すべきだったし、その際に文化が手引きをしてくれるはずだった。日本に接して理解を深めることは、自分を振り返るきっかけにもなる。日本文化を受け入れることは、日本人を理解するためばかりでなく、自分自身を理解するためにも必要なことだったのである。

日本では早くから、韓国の歌と映画が積極的に受け入れられてきた。映画『西便制』（邦題『風の丘を越えて』）とチョー・ヨンピルなどは、その代表的なケースである。こうした媒体が一般の人たちの韓国に対する理解と前向きの視線を育てるのに寄与するところは、決して小さくなかった。日本文化が開放されたとき、「どうして韓国だけが？」という世論が高かったが、実際には門戸を閉ざしていたのはむしろ韓国のほうだった。

『八月のクリスマス』とか『シュリ』などの韓国映画が好評のうちに上映され、日本でもこれらの映画に出演した俳優のシム・ウナやハン・ソッキュのファンが増えている。しかしシム・ウナやハン・ソッキュが韓国のスターであることは、日本のファンにとって大して意味がない。ファンはただ、自分の感性にマッチするものを好んで見ているにすぎない。

そして、まさにそうした交流こそが、他者への盲目的な反感から人を自由にしてくれる。大衆文化を開放することに意味があるのは、まさしくそのためだ。文化的・人的な交流を通じた相互理解は、なかなか解決の糸口が見出せない反日や嫌韓などの政治的な問題の解決にも役立てることができる。いわば、相手を民族としてではなくて個人として好きになることこそが、すべての関係の出発点なのである。映画『シュリ』の日本での成功を心おきなく喜ぶことができるのも、日本文化を開放したからだと言わねばならない。

文明の本質――移動と交流

日本文化の輸入が韓国文化の固有性を損ない、破壊するという考え方もあるだろうが、豊かな文化を生み出してきた人類はどれを取ってみても、人々が移動し交流してきた地域であった。言葉を換えて言えば、文明発祥の地の文化は、固有なものというよりは多分に雑食性を帯びたものであった。このことは何を物語っているだろうか。これは、文化というものが、私たちが考えているほどには固有のものではなく、その純粋性を保証されるものでもなく、じつは多様な形式との出会いとそれらからの刺激によって、より豊かな花を咲かせるものであることを物語っている。

文化、とりわけ世界的な普遍性を持った文化は、決して閉鎖された垣根の中で独自に生産されるものではない。たとえ素材が韓国特有のものであったとしても、それを盛りつける器が古いものだったら、韓国文化の世界レベルへの道ははるかに遠いと言わねばならない。閉鎖された中で保たれる韓国文化、世界へ進出することのできないそのような自足的な持続に、いったいどんな意味がありえよう。今や世界中から注目されている日本のアニメーションを見るがいい。私たちはそこに、長い年月をかけて積極的に外国文化を受け入れてきた痕跡を読み取ることができる。

後の世になって、二〇世紀末の対日政策に関する評価が下される暁には——韓日両国が過去を克服して、友好に満ちた関係を構築したときのことになるだろうが——、金大中元大統領が果敢にも日本文化を開放したことが、二〇世紀末に悪化の一途をたどっていた韓日関係を好転させるきっかけとなったとして評価されるだろう。

システムは意識を変える。日本に生きている普通の人々の姿を眺めながら、単眼的だった対日イメージが複眼的に改められ、それを土台にこれまでの硬直した反日感情から自由になれるのであれば、それだけでも日本文化が開放される意味は大きい。

2 「日本の謝罪」をめぐって

日本文化の開放を許すべきではないという意見のなかには、過去の植民地支配を謝罪すらしようとしない日本に対して、あえて門戸を開放する必要などないという意見も少なくなかった。金大中大統領が日本を公式訪問する直前に、「韓日外交と関連する大学教授一〇〇名による政策への提案」(『教授新聞』一九九八年九月一四日付)なるものが青瓦台に提出された。その記事に掲載された「日本の反省と謝罪がない状態での日皇〔天皇〕の訪韓、および日本文化の開放に反対」するというくだりがその代表的な例である。

日本が当時まで反省も謝罪もしていないという認識は、おそらく今日に至るまでほとんどの韓国人に共通するものだろう。そして言うまでもなく、こうした認識は韓国人の反日感情がいっこうに解消されない主たる原因でもある。

それにしても、韓国が認識しているように、日本の反省と謝罪は本当にただの一度もなかったのだろうか。

会談のたびに反省と謝罪があった

実際には、一九九〇年代だけでも、韓国の大統領の訪日、もしくは日本の首相の訪韓など、両国首脳が公式に顔を合わせるたびに反省と謝罪はあった。

たとえば、盧泰愚《ノテウ》大統領が日本を公式訪問した折には、海部首相が「謙虚に反省し、率直に謝罪申し上げたい」と語っている。一九九二年に宮澤首相が韓国を公式訪問した折には、「心より反省の意と謝罪の気持ちを表明」すると語り、翌九三年に細川首相が韓国を公式訪問した際にも、「われわれの行なってきたことを謙虚に反省し、この機会に改めて陳謝申し上げたい」と語った。九四年に金泳三大統領が日本を公式訪問した折には、「わが国民は過去の歴史に対して深く反省するために……」という言葉を聞いているし、九五年には村山首相が「戦後五〇周年の終戦記念日にあたって」のなかで、「歴史の事実を謙虚に受けとめて改め、ここにあらためて痛切な反省の意を表し、心からのお詫びの気持ちを表明いたします」と語った。

このように繰り返されてきた「反省」と「お詫び」という言葉を見るかぎり、日本が謝罪をしなかったとは言えない。

政権が交替するたびに謝罪が繰り返されなければならなかったのは、それぞれの政権がそれまでの謝罪を認めなかったということだろう。自分の前までの政権の正統性を否定することで一貫してきた韓国の古くからの伝統を考慮に入れるならば、日本から謝罪の言葉を引き出すことによって、新たに発足した政権が自らの正統性を裏づけようとしたのだと考えることもできる。

大統領と首相が顔を合わせるたびに謝罪があったのに、韓国側にそれが認識されてこなかったのには、じつはそれなりの理由がある。

九〇年代の初め、日本の法務大臣のいわゆる「妄言」が問題視され、韓国では日本を激しく批判・非難する声が新聞紙面を埋め尽くしたことがあった。社説や時事漫画は言うにおよばず、読者欄にまで毎日のように法務大臣の妄言に対する批判が掲載されていた。これらの批判と非難の声は、日本政府が問題の解決に乗り出し、妄言を吐いた張本人である法務大臣を罷免し、羽田首相が対外的に謝罪してからも鎮まることはなかった。それどころか、羽田首相の謝罪の言葉さえもが、かえって政治的な必要に駆られた謝罪と妄言の繰り返しではないのかと、疑惑の目で見られた。

こうした事態を受けて羽田政権の跡を継いだ細川首相が訪韓し、先述したように再び謝罪の言葉を口にしたわけだが、日本国内ではそこまでする必要があるだろうかと批判されたほどの細川首相の真摯にして率直な謝罪も、韓国では好意的に受け取られなかった。

たとえば次のような、韓国における反応の一例がある。

日本では紛れもなく、韓国に関するかぎり過去は清算されていないようだ。彼らは、国際法上の問題は韓日国交の正常化とともに清算され、民族的な問題はいくたびかの謝罪と痛惜の念の表明によって充分に解決されていると強弁している。ところが、われわれはそうした「言葉遊び」のあとに、日本の厚かましい態度と韓国に対する優越意識を感じるから、そうした謝罪を心底からの悔悟と反省として受け取ることができないのである。われわれが期待してきたのは二言や三言の言葉よりも、ポーランドの国立墓地の前でひざまずいたヴィリー・ブラント旧西ドイツ首相の姿勢、それだけである。

ところが今にして結論とせざるをえないのは、日本人は絶対にそうした姿勢を示す人々ではないという厳然たる現実である。日本人は経済的には成功したが、道徳的、精神的、文化的には国際的な資質を認められていない。世界の多くの国々が、日本との取引において彼らの浅薄さや現金な考え方などによって少なからず傷つけられていることが、その事実を物語っている。そのため日本人には、その富にふさわしい真の友人や隣人がいない。

このへんでわれわれは、もはや日本とこれ以上「過去」を語り、反省を論じることをやめる必要を感じる。それほどの道徳的な認識もないばかりでなく、そうする考えもない日本に繰り返し「過去の問題」を持ち出してみたところで、なんら得るところもないだろうし、われわれの疲労が増すばかりだからである。（「金大中コラム」『朝鮮日報』一九九三年一一月七日付）

この文の筆者は、言うまでもなく大統領の金大中氏とは同名の別人である。筆者はこれに続けて、「克日」を決意する。そして、「願わくばこの傷つけられた民族的な誇りに火を放ち、われらを国際化とグローバリゼーションの大きな流れに合流させ、われらが地位と実力を脱日本の領域へと引き上げる指導者の出現は、まことありえぬことだろうか？」という、憂国の情に満ちた言葉でもってこの文章を結んでいる。

日本人は富を蓄積することには成功したが、「道徳的、精神的、文化的には国際的な資質を認められていない」と主張していることや、日本人は「浅薄」であり「現金」な思考をするという認識については、しばし措くとしよう。このたぐいの言辞はすでに、例の田麗玉著『日本はない』において馴染み深いものだからだ。それはともかく、このコラムの筆者は日本について、「真の友人や隣人がいない」と決めつけているが、本当にそうだろうか？　日本が好きなあまりに日本へ移り住みたいと望んでいる——ある調査によると、日本は世界の人々が住んでみたい国の二位に挙げられている——世界中の数多くの人々は、日本人の友人でもなければ隣人でもないのだろうか？　コラムの筆者は日本人をこのように決めつけたとき、韓国人の真の友人や隣人として、どこの人たちを思い浮かべたのだろうか。

コラムの筆者は韓国人の誰にとってもお馴染みの、否定的な日本人観のバリエーションを繰り返しているにすぎない。そしてまさに、そうした先入観のゆえに、紛れもなく謝罪がなされたことさえ認めようとはしないのである。

この筆者が、どうして日本側の謝罪を「言葉遊び」と決めつけるのか、謝罪の言葉にどうして「硬直した姿勢」と「優越意識」を感じたのか、私にはわからない。それはともかく、謝罪を口先で終わるものだったと言い、行動で示すべきだったと非難するのは、はたして妥当なことだろうか。以前よりさらに踏み込んだ言葉——彼ら日本人が私たちにしてきたことの具体的な事例を取り上げて謝罪する——さえも受け入れることができないとなると、どのように謝罪されれば受け入れられるというのだろうか。

コラムの筆者が期待したのは、西ドイツのブラント首相を真似て「ひざまずいて」謝罪することらしい。だが、日本の首相や天皇が国立墓地でそうしたパフォーマンスを見せれば、それで日本に対する疑惑は消え失せるのだろうか。おそらく消え失せることはないだろう。不信感に取りつかれている人々は、今度は、そのパフォーマンスは見せかけの行動でしかなく真心がこもっていないと非難するに違いない。不信はいつまでも、相手の真実を見ることを妨げるのである。

謝罪の問題は、終わりのない隠れん坊のようになっている。

「妄言が飛び出すと元の木阿弥」

表面的であれ形式的であれ、日本側が謝罪したことに疑問の余地はない。それを、日本の本心ではないとか政治的なパフォーマンスでしかないと言い続けるのは、非生産的だ。補償が伴わないという批判は、また別の次元で語らなければならない問題である。

韓国人がこのように思い込んでいるのは、日本人はいつでも二枚舌で本当のことを言わないから、信用したらひどい目に遭わされるという根深い日本人像があるからでもある。したがって、そうしたイメージから解放されないかぎり、日本人の謝罪がどんなものであれ、真の和解にたどり着くことはおぼつかない。

謝罪を謝罪として認めることが補償問題の解決とすり替えられることを警戒する見解も、この時期には少なくなかった。しかも、こうした不信としつこさこそはまさしく、この時期の日本人の間に嫌韓感情の鎌首をもたげさせた主犯であった。日本側の謝罪に対していつまでも詫び方が足りないと注文をつけることが、実際には言葉よりも金銭による補償を求めているものと誤解される余地を残していたのである。

もとより韓国側にしてみれば、過去の出来事は二言や三言の謝罪の言葉と引き換えに忘れてしまうには、あまりにも大きな痛みを伴うものであった。しかし、日本人が自分なりに繰り返してきた謝罪さえも受け入れようとはしない韓国人の料簡の狭さが、韓日関係をいつまでも過去の歴史に縛りつけてきたのもまた確かであった。赦すということは、謝罪を受け入れることから始まるのではないだろうか。

未来志向的な関係を模索するからといって、一部で憂慮されているように過去が忘れ去られるものではない。日本文化が開放されたとき、それによって過去の出来事が水に流されると誤解したように、謝罪もやはり日本に対する何らかの防波堤のように認識されていた。金大中大統領は日本を公式訪問した折に、もはやこれ以上過去のことについては言及しないことを約束し、丁重な謝罪の言葉をもう一度聞いて帰国したが、「謝罪しない日本」はいつまで経っても韓国人の共通認識となっている。

そのため、新しい謝罪の言葉があっても、新聞には「日本はこれまで、一度として心底からの謝罪をしたことがなく、過去の出来事をひどく歪曲させるばかりであった。（中略）日本が本当に悔い改めなければ、われわれの未来の同伴者としては認めがたい。ドイツが第二次大戦後、心底からの懺悔と賠償を通してヨーロッパ家族の一員として迎え入れられたように……」（『朝鮮日報』一九九八年一〇月一〇日付）という読者の声が、相変わらず読者欄を飾っている。

とはいえ、ナチスドイツとユダヤ人の問題と、日本と韓国人の問題とでは、厳密に言えば違いがある。

ナチスドイツが手を下したのは人種差別から出発した大量虐殺、ホロコーストであった。日本の帝国主義者がやったことは、植民地化に伴う差別と抑圧であった。もとより日本の帝国主義者も批判されねばならないが、ガス室の煙と消されてしまったユダヤ人の悲劇が世界中の人々から注目され、ナチスドイツが悔い改めるよりほかになかったのは、その内容があまりにも驚愕すべき犯罪だったからである。罪の軽重をとやかく言おうとしているのではない。ナチスドイツによる心底からの懺悔が、本当に心底から湧き出たものだったのかは知る由もないが、近頃のネオナチの動きを見るにつけ、ドイツにも悔い改めない人たちが存在することがわかる。日本にも謝罪したいと思わない人たちが、もちろん存在する。しかし、政府の次元での謝罪があったのだから、いちおう日本人全体の謝罪と認めていいのではないか。

ところが、ソウル大学の慎鏞廈教授のような知識人までが関与している、新たな「国民世論」づくりの試みはとどまるところを知らない。

今回の謝罪は過去の謝罪と比べたとき、前進したものとはとても言えない。（中略）総理の謝罪を文書化したということだけでは意味がない。議員が妄言を一言でも口にしてしまえば、元の木阿弥《もくあみ》である。最低でも、議会の決議ぐらいなければ意味がない。〔韓国〕政府がもしもこれを最後として過去の出来事に関する問題に蓋をするならば、国民世論に背を向けるものである。（『朝鮮日報』一九九八年一〇月一〇日付）

これから先も妄言が飛び出したら、「元の木阿弥」と見なすべきだろうか。しかし、たとえ日本国民の全員が悔い改めたとしても、妄言が後を絶つことはないだろう。韓国でもそうであるように、どこの国にも極右の民族主義者は存在するものだから。過去の日本を美化したがる人々もむろん存在する。だが、日本にはそうでない人々も明らかに存在する。言い換えるなら、右傾化する日本も疑いなく日本であるが――実を言えば、彼らの国家主義的な動きは彼らだけのものではない――、そのような動きを批判する人々もまた、紛れもなくまた別の日本の顔である。

にもかかわらず、このあまりにもわかり切った事実を、韓国は日本に関するかぎり見ようとはしなかった。二つの顔のうちの問題的な部分だけが日本の本物の顔と信じたがり、逆にまともな部分は少数か偽善的なものか、突然変異したものと見なしたがった。「日本はない」という被害者意識によって刻印された先入観が、問題的な発言ばかりを日本全体の意見、もしくは偽物と思いたがるばかりか、別の声に耳を傾けることを妨げてきた。

妄言だけが日本人の本音というわけではない。妄言を吐く日本人は日本でもごく一部であり、韓国人が見るべきは、日本政府が、つまり日本の国家機関がそうした彼らを更迭しているという事実である。もっとも、それもまた日本政府の対外的なパフォーマンスくらいにしか見なさない人たちもいるだろう。そして時と場合によっては、実際そうした側面もなくはないだろう。しかし大切なことは、ともかくそうした選択をするのが、つまり妄言に問題があるとともかくも認めているのが、現在の日本政府だという事実である。韓国が疑惑の目で見ているように、もしも日本が本当に疑わしい方向へ向かっているとしたら、そこまでする必要などないはずである。

国家はある意味では、保守派や右翼を必要とするシステムである。そのような意味で国家のシステムが消滅するまでは、いつまでも右翼は存在する。そうであるなら、韓国が日本の誰を相手に交流すべきかはおのずと明瞭になってくる。謝罪と赦しと和解によって紆余曲折を経ながらも築き上げてきた相互の信頼関係を、ひと握りの反日的な人々と国粋主義者たちのせいで出発点へ引き戻されるのは、愚かしいことだ。これからは、妄言や不充分な補償問題に神経を逆なでされることがあっても、どちらが多数意見であり――いや、たとえそれが少数意見だとしても――、多くの日本人の目指しているものが何であるかを判断できる気持ちのゆとりが必要だろう。

韓国は謝罪したのか

現在、ベトナムには、ベトナム戦争の際に韓国兵たちとの間に生まれた二世たちが一万人以上も暮らしていると伝えられている。しかも韓国兵たちがベトナムで繰り広げた蛮行は、これまでひた隠しにされてきた。三〇年も経った最近になってようやく一部のマスコミが取り上げている程度でしかない。（『ハンギョレ21』三〇五、三〇八号）

それにしても、このことに関連して韓国はベトナムに謝罪したことがあっただろうか？　金大中大統領が謝罪するまで、ことによると韓国の人は誰一人、ベトナムに対して罪の意識を持たなかったのではないだろうか。日本を批判するとき、自分の兄や父が、その数に関わりなく、また故意であろうが偶発的であろうが、ベトナムで女性を犯し、民家に火を放ち、民間人を虐殺した事実を、一度くらいは思い浮かべてしかるべきだろう。

言うまでもなく、韓国と日本の場合ではその状況も規模も時期も異なるが、性差別と民族差別、そして支配意識がその根底の構造を形成していたということでは、変わりがなかった。こうした問題は日本だけに関わる特殊な問題でなく、人類に共通する問題として考える必要がある。批判するにしても、自分自身の過ちにも目を向けながら相手を批判することが必要だ。そのとき批判の対象は、日本という特定の対象以前の、戦争であったり、男性であったり、国家であったり、軍隊であったり、場合によっては近代そのものであったりするだろう。

日本軍が手を下した虐殺や細菌戦争のための生体実験などを批判するとき、生身の人間の皮を剝ぎ取ってから樹木の枝に宙づりにすることもあったという、韓国の六・二五事変〔朝鮮戦争。一九五〇年六月二五日から五三年七月二七日までの約三年間、北朝鮮軍が韓国へ攻め込んだことがきっかけで朝鮮半島全土に戦火が広がった〕や済州島での四・三事件〔済州島四・三蜂起とも言う。一九四八年四月三日、南北同時選挙ではない韓国だけの単独選挙を実施することに反対して蜂起した島民の武装闘争〕、そして光州事件〔一九八〇年五月一七日の全斗煥元大統領ら国軍の高級将校らによる軍事クーデターをきっかけに、全羅南道光州市を中心として発生した民衆蜂起と、これを鎮圧した事件〕なども、一度くらいは思い起こしてみよう。さらに、かつてベトナム戦争で「誇らしき大韓男児」が途方もない数の人々を射殺し、「残忍な韓国軍」という認識を植えつけてきたという事実も合わせて思い起こしてみるべきである。もとよりこれは、韓国もそんなことをしでかしてしまったのだから日本人を赦してやろうということではない。他者の残虐な行為を糾弾するとき、同時に自分の過ちを直視することは、集団の狂気について考えさせ、戦争とイデオロギー対立の加害者であると同時に被害者としての「人間」に目を向けさせる。そのときこそ、同じような過ちを繰り返さないための生産的な批判が可能になるはずだ。

3 「日本は南北統一を望んでいない」という言説

ほとんどの韓国人は、日本は韓国の統一を望んでいないと思っている。ときどき実施されるアンケート調査でもそれは示されるが、こうした考えは知識人にも共通している。

たとえば、次のような文。

統一など決して望んでいないくせに、これを適当に利用して双方から利益を得ようとしている「経済大国からすでに政治・軍事大国へと前進した」日本の腹黒い露骨な大攻勢を前にして、一刻の猶予もない民族統一への立場をもう一度確認する必要があると考えている。（朱《チュ》カンヒョン「民族の生活習慣と日本帝国主義の残滓」論集『日本帝国主義の残滓・一九種類』所収）

この一文は、日本が「決して統一を望んでいない」と決めつけているばかりでなく、「腹黒い露骨な大攻勢」をまるで事実のように強調している。これもやはりこれまでに見てきた調子の、日本人＝悪賢い民族というイメージを補強するものだ。その結論も、「民族統一の立場をもう一度確認」したということになる。

それにしても、日本は本当に韓国の統一を望んでいないのだろうか？

一九九〇年代の半ばでも、サラリーマンを対象とした韓日意識に関するアンケート調査を見ると、日本が韓国の統一を望んでいないと信じている韓国人は、「それほど」望んではいないと考える人まで加えると九七％であった（『韓国経済新聞』一九九五年一月一日付）。韓国人のほとんどがこのように信じていたのである。

しかし同じ調査で日本人は、八〇・八％が「東北アジアの平和と安全のために（統一が）必要である」と答えている。また、日本は核兵器を持つべきではないと考えている日本人も、七七・七％に達している。

実際にはこの問題に対しても、独島（竹島）問題に関する場合と同様に、日本人は概して無関心だというほうが事実に近い。むしろ北朝鮮がミサイル「テポドン」を発射した事件以後、朝鮮半島が統一されることを望んでいる日本人が増えてきている。統一してしまえば北朝鮮の脅威などに気を遣わなくてもよくなるはずだから、けだし当然と言わねばならない。

「国家」という求心体

それにもかかわらず、日本は韓国の統一を望んではいないし、核武装を計画しているとして、日本が侵略の野望を持っているのではないかという疑惑を多くの韓国人は抱いている。何がそのような疑惑を抱かせるのだろうか。

それは、北朝鮮と統一後の韓国は強大な力を持ち、日本を脅かすほどの軍事大国になるだろうから、日本はそれを嫌うはずだという考えからである。しかし、はたしてそうだろうか。南北の統一を実現してからの韓国がどんな姿になるかは、統一の仕方とそれに伴うさまざまな政策が決定するだろうが、韓国人の誰もが漠然と考えているように、二つの国が一つになるのだから二倍の国力が生まれるというのは、あまりにも素朴な発想と言わねばならない。ましてや、北朝鮮の資源と廉価な労働力が韓国経済を後押ししてくれるだろうという考えも、北朝鮮を経済発展のための道具としか見なさない無責任で利己的なものだ。さらに言えば、南北統一はまた別の地域差別も生みかねない。

はっきりしているのは、韓国が大国になるという幻想を抱きつつ、日本はそうなるのを「望まないだろう」と考えることによって、おのずと日本を敵と考えざるをえなくなっていることである。二一世紀を迎えて、表面的にはパートナーの道を歩み始めたかに見える時代にさしかかったが、そうした意識が払拭されないかぎり、韓日間の不協和音がなくなることはないだろう。

日本が日の丸と君が代を国旗・国歌と定める法案を国会で通過させたとき、韓国のある新聞が「この法案の最大の意味は、敗戦後、意図的に避けてきた〈国家〉という求心体を日本国民に投げ与えたということ」だと、否定的なニュアンスで報道したのも、このような警戒心の所産であることは言うまでもない。とはいえ、日本のメディアが日本国民に向けて発した言葉を書き写したものでしかないこのような見解は、実際のところ韓国が口にすべきことではない。なぜならば「〈国家〉という求心体」を中心に固まっているのは、実際には日本でなくて韓国のほうだからだ。さらに言えば、国家を中心に固まることの問題点をただの一度も考えてみないまま求心点を堅固にすることにばかり力を注いでいる国が、過去に一度その求心点を捨てようとした他国が再びそれを取り戻そうとしているからといって、とやかく言う筋合いのものではないのではないか。韓国ではいまだに、国家への忠誠を誓うことが当然視されている。韓国人または朝鮮人の求心点を確立すべきだとして檀君の像を建立しようとする人たちが今でもいるのが韓国だ〔北朝鮮も数年前に檀君の古代遺跡が発掘されたと発表し、神話ではない実在した人物として巨大な檀君廟を建立した〕。

日本でこのような発言が出てくるのは、彼らがすでに国家というものがどんなものかに関する検討をそれなりに充分に済ませているからである。言い換えるなら、国家を中心に盲目的に一致団結した経験がどのような辛い結果をもたらしたかを痛感してきた日本人だからこそ言えることなのである。また、このような発言は、国家を中心に一致団結させようとする動きを、何よりも日本人自らが憂慮していることを物語っている。

それなのに、国家を中心に一致団結するのが日本人であるときは、金辰明の民族主義的な小説を歓呼してやまない韓国人が、自分の国家意識を棚上げにして軍国主義的な国家主義とすぐさま批判する。みずからにとっては当然のことでも、日本人が同じことをすると有無を言わせず断罪する現象がここでも見られる。

野望と歪曲

韓国でそうだったように、日本でも一九九〇年代から実際に民族主義的で国家主義的な動きが表面化し始めた。憲法では禁じられている交戦権を、少なくとも戦場に参加できるように後方支援という形ではあれ改められたし、日の丸と君が代も、それまでは曖昧な部分があったが法律で改めて国旗・国歌と定められた。国家とか国民などの意識が強調されるようになったのは、そうした文脈に沿ってのことだ。またその過程で、軍事的に強大な力を持つようにもなった。しかし、軍事力というものは経済力に比例するものである。アメリカの軍事力が世界最強であるように。経済力において世界二位の日本が、軍事力において世界二番目になったところで大騒ぎすることはない。

もとより、だからといって日本が国家主義になったり軍事大国になったりすることに問題がないというわけではない。ただ、日本人のそのような動向に注目するだけでなく、「なぜ」彼らはそうしようとしているのか、それははたして言葉どおりの軍国主義なのかについて考えることが必要だということである。

九〇年代初めの湾岸戦争以後、アメリカは日本に対して資金だけでなく軍事的な協力も要請してきた。さらに、日本は憲法第九条——戦争をしてはならない。すなわち軍隊を持ってはならない——に基づいて後方支援だけに限定し、先進諸国のたくさんの兵士たちが血を流して戦っているとき、憲法を盾に自らの生命に危険の及ばないことしか担当していないとアメリカは批判したのである。

そうした批判を、韓国人だったらどのように受け止めただろうか。一言で退けてしまうには難しい問題である。血を流さないことを利己的としか受けとめないのも問題であるが、そうした批判を前にしたとき返す言葉は、少なくとも今の韓国にはない。

もう一つ問題がある。今では状況がかなり変わっているが、ほんの一年前まで朝鮮半島は戦争の危険性がつきまとう地域であった。そして日本は、もしも朝鮮半島で戦争が起きれば、アメリカに協力して、どんな形にせよ朝鮮半島での戦争に関与しなければならない立場にあった。有事の際にアメリカに協力するために自衛隊が出動できるような基盤を、彼らは築くことになるわけである。実際に、緊急事態が発生したときには韓日双方の軍当局が迅速に情報を交換できるような「軍事ホットライン」が稼働することになったと伝えられていた（『朝鮮日報』一九九九年五月五日付）。韓国と日本が敵同士で対峙するという発想は、このような現実の動きが見えなかった結果でしかない。軍事大国になるという問題は、軍隊を必要とする国家システムを変えないかぎり、容易に解決されるものではない。

無条件で非難したり警戒したりするより先に、あらゆる状況に照らして相手が置かれている立場を見ることが必要である。少なくとも、日本の軍事大国化を複合的な観点から見るならば、ただちにそれをかつての大東亜共栄圏を夢見た振る舞いだなどと早とちりしてしまう愚だけは犯さずとも済むだろう。

私が知っている日本と日本人は、再び戦争を起こして他国を植民地化するほど愚かではない。彼らは、過去の過ちと苦痛を通してつねに、よりよい形に生まれ変わろうと努めてきた。たとえば、地震と火山噴火による災害の経験を通じて、その分野の研究では世界的な水準の国になったように。たとえ国内的には難しい問題があろうとも、最終的には過去の過ちを再び繰り返すことはないと、これまで日本について学んできた私は考える。

しかし、このような事実はなかなか認識されず、いまだに、「日本は依然として機会さえあれば、周辺国を征服する野望を捨てることはない」とか、「日本はわれわれの近隣にいるが、われわれが考えているような隣人ではないのだ。彼らはいつも、自分たちの〈島国根性〉を胸の奥に秘めたまま、準備万端とどこおりなく、われわれの監視と警戒がおろそかになれば攻撃をしかけようと用意しているのである」（李勝栄・金勝一『韓国人が知らない日本・日本人が知らない韓国』ソウル・無限、一九九九年）というような、日本の野望を強調する声が消えることはない。

もとより、すべての軍事主義は批判されなければならない。しかし、同時に問題にされなければならないのは、日本人の「野望」より、彼らに対する韓国の歪曲のほうだ。

第3章　表象としての日本人

1　日本人と創造性

一九九〇年代以前からも、韓国には日本に関する共通のイメージがあった。たとえば、日本の大衆文化が流れ込んできたとき韓国に与える被害を強調したある新聞の四コマ漫画に見られる、キモノ姿で下駄を履いている出っ歯の日本人。日本の伝統と特徴を取り上げたものだが、決して肯定的とは言えない姿が韓国で日本を代表するイメージとして定着している一例である。

現代の日本人にしても、韓国のドラマや映画に登場する日本人は、おおむね相も変わらぬ巡査であったり憲兵であったりで、近頃になってこれに追加されているのがヤクザである。金辰明《キムジンミョン》の小説に代表されるように、普通の日本人が登場することは滅多にない。日本帝国主義の時代にも巡査でも憲兵でもない日本人は当然いたはずだが、民族解放の日から五〇年以上、国交が正常化されてからも三〇年以上の年月が過ぎ去ったというのに、そうした状況にさしたる変化はなかった。言うまでもなくこれは、韓国の日本人像が加害者や悪者としてのレベルにとどまっているか、よしんば悪者ではないにしてもある一定の思考パターンから脱皮できずにいる証《あかし》である。

しかし、現代の韓国について言及する外国の新聞や雑誌が、ちょんまげを結って草鞋を履いている韓国人を登場させたら、多くの韓国人はそれを自分の姿として認めないだろう。韓国人の姿ではあっても、あくまでもそれは祖父または祖父よりもっと古い世代の姿でしかなく、現代の韓国に生きる人々の姿ではない。現代の人は暮らし方や行動様式、ものの考え方などあらゆる面で、一〇〇年も二〇〇年も前のご先祖様たちよりもむしろ、今日をともに生きている近隣の国の人々との共通点をより多く持っている。今を生きる人は韓国人／日本人ではあっても、それ以上に現代人なのである。

アメリカやヨーロッパの人々に関する表現が、ことさらに数百年も前の姿になることは滅多にない。なぜか？　それは彼らの古い時代の姿よりも、現代の姿のほうにより馴染んできたからである。さらに言えば、彼らに対する関心が近代化をめぐることであり、彼らを知ることが近代化そのものだったからだ。近代以前の姿を知っていたとしても、イメージの中心にはなりにくい理由でもある。

にもかかわらず、日本ばかりか中国も古典的な姿で表現される場合が多いのはどうしたわけだろうか。しかも彼らの伝統的な姿は、たいてい戯画化されている。これらは親近感の表現というよりも、嘲笑的な含みがあることが少なくない。しかもこのような見方は、彼ら中国人の現代の姿を、思い浮かべるほどには理解していないことの証でもある。そのため、当然のことながら、彼らの伝統的な姿は旧来の常識に閉じ込められたままの状態で初めて姿を現す。

たとえば、朝鮮半島の統一に日本人が否定的な考えを持っているとか、日本が技術移転を故意に妨げることによって韓国を後進国の状態にとどめたがっているとか、韓国の産業を破壊して韓国支配に乗り出すだろうなどという金辰明の小説に登場する物語は、ほかの多くのメディアや一般の人々も共有してきたことである。あるいは田麗玉の『日本はない』に示されたイメージ、すなわち、自国の大衆文化を開放することに対して、日本は文化的ヘゲモニーを握ろうと画策している、日本人にはそれが「長い間の宿願」であった、日本人に韓国人と同様の道徳観や倫理観を求めるのはそもそも愚かなこと、日本人は「純真無垢のような顔つきで、一匹の蚊も殺せないような可憐な様子を装」い、「刀とお金と力の前にひざまずき」、「強い者の前ではいとも簡単にぺこぺこと頭を下げて弱者に様変わり」する、などといったイメージについてもやはり同じことが言える。

次のような一連の文章を見てみよう。

没個性的な産業社会では日本人のような集団主義的なものの考え方が効率的だが、

近い将来やってくる徹底した個性的な社会では韓国人のように一人一人が優秀なほうがよい。（金辰明『カズオの国』ソウル・プレミアムブックス、一九九五年）

日本人は集団的には大きな力を発揮するが、個人の創造性ではわれわれに劣る。まさにそこが彼らの弱みであり、われらの強みである。個人の自律性と創造性が貧弱な集団主義は、そのリーダーの哲学によってはきわめて危険な集団に変貌をとげる場合もある。日本は今その危険な方向に流れていきつつある。（韓永愚《ハンヨンウ》「法古創新と東道西器の道」『教授一〇人が解いてみた韓国と日本の方程式』所収、四九頁）

日本の高級文化というものには他の先進国のものと比べてこれといった特徴がなく、大衆文化が凡庸と低俗の間を行ったり来たりしているのは、また、応用技術と比べて基礎科学の水準が著しく遅れているのは、紛れもなく個人の創造性を抑圧している集団主義文化と関係があると思う。（金永明『日本の貧困』ソウル・未来社、一九九四年）

日本人はチーム・ワークを発揮するときは立派だが、一個人として見ればたとえようもなくみすぼらしい。（柳在順『日本の女性を語る』ソウル・倉海、一九九八年）

再創造としての模倣

集団主義と没個性、創造性の不足とそれに伴う「模倣」という指摘は、日本について語るときに決まってついてまわるものだ。これらは独創的な概念や判断などではなくて、さまざまな日本論においてつとに語られてきたことの亜流《エピゴーネン》でしかない。

ところで、日本人は個人的には実力を発揮できないとか、模倣ばかりして自分からアイディアをつくり出すことはないとかいう、お馴染みの説は当たっているのだろうか。

そもそも個人に実力がないのに、どうして集団が実力を発揮できるというのだろう。技術であれ文化であれスポーツであれ、総合的に優れている分野の全般にわたって、つねに飛び抜けた個人が存在するものである。集団とは、個人が集合したものではなかったのか？　韓国人の日本論の多くは、すでに批判され修正されてきた色褪せた日本文化論をおうむ返しに蒸し返しているにすぎない。

日本人は模倣が上手なだけで創造的な能力に欠けるという見方にしても、同じことである。なるほど彼らは、いっときは模倣をしただろう。しかし、少なくとも模倣するだけで終わったわけではなかった。さらに工夫を加えて、売れる品物に再加工した。これは、与えられた技術をとことん吸収し、研究を重ねて再創造したことにほかならない。模倣はしたが、模倣した相手の国に売れるだけのものを創り出してきたのである。そうした意味で、日本人の模倣は再創造であった。韓国のほうが、単なる模倣に終わる場合が多かったのではなかろうか？

模倣と、ある種の技術や文化の流入は、区別して考えるべきである。さらに厳密に言えば、まったくのゼロからの創造などはありえない。すべての創造は、程度の差こそあれ模倣から始まる。絵画は事物を模倣することから始まったのであり、作家が書くことができるのも、他人が書いたものを読んだからである。どんな形にせよ、創造行為には模倣が伴うのである。

2 日本は「刀の国」か

集団主義はある種の盲従性と腕力を連想させる。その背景には日本はサムライの国というイメージがある。そして、日本がサムライの国であるのに対して、韓国はソンビ〔在野の士または儒者で、高い学識があり礼節を備え、義理や原則を守り、官職や財産を欲しない人格高潔な人のこと〕の国だという、韓日を文の文化と武の文化に二分する考え方は、韓国ではきわめてなじみ深いものだ。

朝鮮には筆を執ったソンビたちがいたが、日本には刀を差した大名たちが割拠し、その下にはやはり刀を差したサムライたちがいた。朝鮮の党争〔朝鮮（李）王朝時代の半ば以降、儒教（朱子学）の学派をもとに形成された両班《ヤンバン》〔特権的な身分の士族階級〕たちの派閥争い〕では言葉が先にあったが、日本では刀が先にあった。朝鮮では逆賊の罪を着せられると国王から毒薬を賜って毒死するか遠島になるかしたが、日本では

一族が残らず刀によって命を落とすか、村ごと火に包まれて焼死したりした。（中略）

われわれにはそれなりに討論文化の手がかりがあったが、日本にはそんな手がかりすら見出すことができなかった。（中略）

日本の団結とは、端的に言って強要されたものであった。島国で、刀を差した大名の意向に逆らった場合、死ぬよりほかにはなかったのだから仕方がないだろう。（中略）彼らの生死を決めるのは大義のためというよりは、上役や君主のためであった。（中略）それとは違い、朝鮮人は君主に従ったのではなく大義のために殉じたのである。（洪世和『セーヌ川は左右を分け、漢江は南北を分ける』一〇四～一〇五頁、ハンギョレ新聞社、一九九九年）

「筆を執ったソンビ」と「刀を差した大名」との対比や、「言葉」と「刀」との対比、「討論文化」の有無や「強制された団結」、「大義」の尊重と「君主」崇拝などの二分法はすべて、韓国側の優位を裏書きする論法の根拠として利用されている。

「刀＝暴力＝性」という図式

大名というものは、刀を差して人斬りをしてまわる無頼の徒に等しいサムライではなかった。彼らの学問に対する情熱には驚嘆すべきものがあったし、豊かな儒教的学識を身につけていた。討論文化がなかったというのは誤解である。

たとえそうした学識を持たなかったとしても、一国を治めるまつりごと、すなわち政治が、刀さえあれば首尾よく行くと考えるのはあまりにも単純すぎる。日本の近世、つまり本格的な武家政権時代は、じつは、国内の統一がなしとげられて、それまでに例を見ない平和が保たれた時代であった。戦《いくさ》をすることがなくなったために、サムライたちのなかから浪人、つまり失職者が続出した時代でもあった。そんな彼らが知的な資産を持たないと考えるのは、誤解でしかない。

よく知られているように、日本は刀の国である。中世日本の戦国時代には、およそ二八〇もの封建国家の群れがあった。そのため、彼らにとっては戦、すなわち刀や槍をふりまわして戦うことが日常的な仕事であった。このことは、つねに死が日常的なこととして受け入れられていたことを意味する。（金経一《キムキヨンイル》『孔子が死んでこそ国が生きる』二〇四頁、ソウル・海社、邦訳・千早書房、二〇〇〇年）

日本の開放的なセックス文化は、気候と刀によってもたらされたものである。暑い地域に属しているので露出することが多く、あの汗でべとつくような日本で真夏を過ごしたことのある人なら知っているだろうが、たびたび汗を洗い流さなければ

ならない。それを繰り返すものだから、性的な誘惑と接触が増えるよりほかない。(同、二〇六頁)

もう一つは、先ほどの暴力文化の項で見てきたように、刀の文化がもたらした性暴力のせいである。思いのままに蹂躙される女性たちにも、やはりそれなりに自己を合理的に理解することが必要であったし、その合理性がいささかだらしのない貞操観念に変わっただけのことである。朝鮮の女性たちのように自殺しないからには、気楽に過ごせるほうがましなことはわかりきっている。日本人に特有の現実に妥協しやすい心理はすべて、このように多少は悲しい歴史を背負っているのである。一方的に罵倒するばかりであってはならない。(同、二〇七頁)

多くの韓国人が囚われている儒教的なものの考え方がイデオロギーの一つにすぎないことを教えてくれた金経一教授も、「日本＝刀の国」という紋切り型の日本観からは自由になれなかった。もとよりこの文章は、日本を「一方的に罵倒するばかりであってはならない」と言っているのだから、日本を客観的に見ようとしたものと言うべきだろう。しかし、性的な開放性が「気候と刀」によるものだという解釈があまりにも短絡的であることくらいは、小学校の児童でさえわかりそうなものである。金教授の論理にしたがえば、日本における性的な開放は暑い夏に限られた現象と理解すべきだろうか。韓国は「寒いので」日本とは異なると断っているくらいだから。

日本が韓国と比べて「セックスの洪水」に覆い尽くされた国に見えるのは、日本人が性に対する欲望を表現することをタブー視していないから、それが目にとまるだけのことでしかない。刀の文化と性暴力を結びつけるのは、おそらく刀が暴力を連想させたからだろうが、女性たちは金教授が言うように「思いのままに蹂躙」されているのではなくて、自発的に（もちろん構造的には被害者なのだが）性を売っているにすぎない。したがって「合理性」が必要なはずもない。もとよりこれは、時代によって違いが見られることでもある。「自殺しないからには……」という指摘は、女性たちが強姦という暴力に立ち向かうことができなくて自殺したことを美化し、結果的に女性への抑圧を肯定することにつながりかねない危険な発想だ。性に対する意識にかぎって言えば、金教授は厳しく批判してきた儒教的なものの考え方に囚われているように見受けられる。何よりも、刀と暴力と性は、日本人だけの専有物ではない。

さらに、金教授のこの文章でも、日本の「卑しい性文化のせいで心配」する必要などさらさらなく、「日本人の性に対する意識を超越する、健康で美しいわれわれだけの性文化をわが国の青少年の意識に植えつけることが、日本の質の浅薄な性文化を克服する唯一の代案」（二〇七頁）であると強調することにより、「卑しい」日本との対比で「健康で美しい」韓国のイメージを喚起させているところに、またもや日本に関する韓国のさまざまな言説に共通するものを確認することができる。これらはどちらもイメージでしかなく、実体ではない。にもかかわらず、日本を批判する文章のほとんどすべてに我田引水的な肯定と美化がちりばめられている。あからさまに批判的な文章よりも、このように見かけは好意的で偏見を意識していない文章のほうが、その偏見がよく見えないという意味で、偏見の再生産にますます寄与しているのである。「サムライたちの暴力的な性文化」(二〇七頁)という表現は、サムライ=性=暴力という単純なつながりで韓国の偏見をさらに増幅させているが、日本には江戸時代前期の伊藤仁斎をはじめとする優れた儒者や思想家がいて、サムライたちのブレーンとして大きな力を持っていた。また、サムライたちの頭領である江戸幕府中興の祖と謳われた八代将軍徳川吉宗は、鎖国政策に融通性を持たせ、一八世紀の前半に早くもオランダを通して洋学を採り入れている。日本が一九世紀半ばにアジアの国々に先駆けて近代化をとげることができたのも、このようなバックグラウンドがあったからにほかならない。幕府を倒して新政府を打ち立て、近代化の先頭に立ったのも薩摩と長州の「刀を差したサムライ」たちであった。ともかく彼らは、朝鮮通信使を丁重にもてなしたくらいだから文化に対する知的欲求が高かったのである。

武の国と文の国

韓国は自分のアイデンティティを「文の国」と思いがちだが、それは朝鮮（李）王朝時代のソンビ階層ばかりが脳裏に強烈に焼きつけられているからである。しかし朝鮮時代は、韓国の歴史のなかでせいぜい五〇〇余年ほど続いた、歴史全体のうちでは一つの時代でしかない。

モンゴルの大軍が朝鮮半島に攻め込んできた頃の高麗王朝は、八〇余年間の武家政権の時期であった。そして朝鮮王朝は高麗時代の経験に照らして、そのような前例をつくらないために徹底的に文官を上位に据えて、武官を差別する政策を採った。その結果、軍部の重要なポストまで文官によって占められた。文官になって栄達を図ろうという意識は、そうした伝統が今日まで引き継がれてきた結果にほかならないと見るべきだろう。

とはいえ、まさにそのせいで武官になろうと志す者が少なかったし、外敵から国を守る必要があるときはいつも中国を頼りにしなければならなかった。そのため、当然のことながら軍隊は弱体化していった。一五九二年に豊臣秀吉の軍勢が朝鮮に攻め込んだ壬辰倭乱〔日本で言う文禄の役〕の際、なんと三週間目に首都の漢城〔ソウル〕が陥落して侵略軍の手に落ちてしまったのは、このためであった。また、一六三七年に清の軍勢によってひと月余りでソウルを制圧されたのも、二〇世紀の初めに日本によって併合されてしまったのも、結果的には「武」の弱体化と無関係ではないという指摘もある。(李承顥《イスンヒョン》『日韓併合』富士ゼロックス・小林陽太郎記念基金、一九九八年度研究助成論文。東京)

このような歴史的事実を度外視して、自分たちの国は「文の国」だったと思いたがるのは、「文」を優位に置く考え方に慣らされてきたためである。

ところが韓国人の多くが尊敬してやまない李舜臣将軍〔一五四五～九八。朝鮮王朝第一四代宣祖に仕えた武将。壬辰倭乱＝文禄の役では敗走する豊臣軍を打ち破ったが、流れ弾を受けて戦死した〕は武官ではなかったか？　乙支文徳将軍〔高句麗第二六代嬰陽王の代の武将。六一二年、隋の煬帝率いる三〇万の大軍を迎え撃ち、ほとんど全滅させて大勝利をおさめた〕はどうだったろうか？　崔瑩《チエヨン》将軍〔一三一六～八八。高麗第三二代辛禑王に仕えた武将。一三七六年には鴻山の戦いで倭寇を打ち破った〕はどうか？　彼らを、ソンビより劣る存在だったと考えるだろうか？　彼らは知力に欠けていただろうか？

今日のスポーツの選手たちが証明しているように、身体的な能力は精神的な能力と関わり合っている。さらに言えば、すでに広く知られているように、精神と身体とを分けて考えることこそ近代以後の考え方である。韓半島にはソンビという、日常から政治に至るまで現実にはまったく関心を示さずに学問にばかり打ち込んでいても、いつの日か出世が可能だった階層が存在したし、このような存在を不思議には思わない意識があった。これに対して日本には、武という技を軽視しない価値観が存在したにすぎない。

武官（武士）を軽視する発想のような一面的な理解にとどまるなら、ソンビも、やはりいくらでも否定的に語れるだろう。とはいえ、ソンビについて、妻子が飢え死にしようとどうしようと、いつの日か出世できることを夢見て漢籍ばかりひもといていた――科挙というのは、創造性を確かめるよりも漢籍をしっかり暗記しているかどうかを試験することにどれほど重点が置かれていたことか――読書人にすぎないと誰かが罵倒したら、もっともな話だとうなずくだろうか。

もとより私はここで、サムライのほうがソンビよりも立派だと言いたいわけではない。他国の文化を否定的に見る見方は正しいように見えても、自国の考え方と制度を理屈抜きで尊重するよう飼い慣らされてきた結果でしかないと言いたいだけである。

サムライが疎んじられる一方で、日本を代表するサムライの一人、徳川家康の一代記『大望』（山岡荘八『徳川家康』が原作）が、「われわれに逆境を乗り越える方法とチャンスを待つ辛抱強さの大切さを悟らせてくれる〈人間治世の経略の書〉」（『朝鮮日報』一九九八年一〇月一〇日付）と絶賛されてきたのが、もう一つの韓国の実態でもあった。

3 「技術」をめぐる考え方

日本文化を「武の文化」と決めつけて軽視する考え方の延長線上には、日本には技術はあるが文化はないという考え方がある。日本の現代文化が世界的に認められるようになってからはかなりそうした認識が改められているが、いっとき、日本人はエコノミック・アニマルでしかなく、彼らには文化などないとまで、まことしやかに囁かれたものである。

韓国の人は一般的に、商品や先端技術や科学を文化とはかけ離れた別個のものと思いがちである。しかし、商品にそれをこしらえた人の哲学や価値観が込められていたら、たとえそれが単なる商品であっても文化でないとは言えない。

韓国によく知られている日本製品の肌理《きめ》こまやかさは、韓国人が一般的に考えているように、彼らがエコノミック・アニマルとしての本領を発揮して、消費者のニーズを小賢しく、あるいは職人根性でもってつくり上げた結果ではない。彼らが商品を生産する行為を、経済＝営利行為としてだけでなく――最終的にはそこにつながるとしても――、消費者の立場を考えた文化的な観念を土台に置いて営んでいるからこその成果なのである。

古墳から出土した器や壺などはご先祖様の文化を象徴するものとして尊重しながら、今日の機械でつくられた飯茶碗や壺のたぐいが文化とは縁遠いとすることは矛盾している。三〇〇年前の匠人（職人）たちは機械でなく、手でつくったということにすぎない。

それにもかかわらず、機械による製品はどこまでも商品であり、経済行為の結果と決めつけるばかりで、その文化的価値を認めようとはしない傾向がある。近頃では韓国社会でも職人気質の必要性が強調され、商品の製造はマインドが必要な仕事であると認識され始めているが、つい先頃まではそうではなかった。これもやはり技術というものを賤しんできた韓国的意識――手でものをつくる仕事や身体の軽視など――が生み落としたものだ。

技術移転をめぐって

そうした一方で、日本は技術移転を渋っているとして批判していることも、韓国のまた別の矛盾した姿であった。いつだったたか、ある学生がこんなことを語った。

ぼくは貿易学を専攻しているので、講義の時間にその問題に関することがたびたび話題になります。ぼくらの教授の話によると、その問題を解決するためには、一つには、いったん日本の会社に勤めて企業の秘密を探り出してから退職して、韓国の会社に就職する道がありますが、そうでなければ、留学して指導教授のお眼鏡にかなうように努力して、後でその教授を通して企業秘密を探り出すほかに道はないそうです。日本人は、自分の弟子の面倒はしっかりと見てくれるそうですからね。

産業スパイもどきの行為と恩師を利用する恥知らずな振る舞いとを、その教授から教えられたというのだが、どちらの場合も自由経済社会におけるまともな競争とは言えないことは、言うまでもなかろう。それなのにこうしたたぐいのことが誰はばかることなく話題にされているのは、日本に追いつこうという熱意があまりにも強すぎて、そうした意識のなかに含まれているモラル問題に鈍感になったからだろう。

ともあれ、ここでわかるのは日本側が自発的に技術移転をしてくれないと認識されていることだ。はたしてそうだろうか。韓国側はいつもこの点に関して不満を表明してきたが、問題はそんなに単純なことではないようだ。

韓国に駐在している日本の経済人たちの、韓国に対する批判を見てみよう。

「技術開発には関心すらない」
「信用もされていないし、経営に関する忠告もまったく聞き入れない」
「韓国人は信頼＝お金だということがわかっていない」
「韓国の経済危機は根本的に、技術による競争力がないところから始まった」
「金融改革のことばかりが語られ、技術開発については言及されないのが不思議なくらい」
「社会秩序や文化などすべてにわたり、OECD加盟国だからといって信用できるわけではない」（『朝鮮日報』一九九八年三月六日付）

厳しすぎるように聞こえる批判だが、ここで指摘されている問題点こそ技術移転がスムーズに行なわれない理由であった。にもかかわらず、一般に日本＝技術の利己主義という認識のみが支配的である。

たとえ日本が利己主義から技術移転に応じないにしても、やみくもに彼らを非難するのは恥ずかしいことだ。日本が技術移転を渋っているという韓国側の批判はちょうど、試験勉強を怠けてきた生徒が試験の当日になって実力のある生徒に答えを教えてほしいと頼んで断られ、それを非難するようなものではないだろうか。他人が努力して得た結果をいとも簡単に手に入れようとする安直さを直視しようとせず、答えを教えてくれない生徒の態度を利己主義と非難するのが、はたしてまっとうなことだろうか。

そもそも日本の今日の輝かしい成果が、敗戦後のアメリカからの援助をもとにしていることは疑いを容れない。さらにまた、一九五〇年六月二五日から五三年七月までの朝鮮戦争による特需景気に少なからぬ要因があるという指摘も耳を傾けるに値しよう。しかしながら、日本の今日の繁栄は、それらよりもずっと多くの部分で日本人自身の数十年間にわたるねばり強い研究と努力の成果と見るほうが正しい。技術移転してくれないことを非難するよりはむしろ、韓国と同じく日本に技術移転を求めているほかの多くの国々に比べて、韓国のほうがよりよい条件を持っているのか、あるいは韓国自身が他国に自分たちの技術をどのくらい移転しているのか、そのことからまず考えてみる必要があるだろう。

4　「日本人は残忍」という言説

サムライの国の刀をあやつる技術は、残忍な日本人というイメージに簡単に結びつく。実際、ある調査（鄭大均『韓国人にとって日本とは何か』ソウル・河出版、二〇〇〇年）によれば、多くの韓国人が抱いている日本人に対するイメージのうち、最も多数を占めるのは「ずる賢く、下品である」であり、その次が「残忍で怖い」（いずれも二七頁）となっている。この本に整理されている韓国人の持つ日本人のイメージは次のようなものである。

日本人は悪賢くて残忍、残虐、野卑にして利己的であり、悪いやつらで、しぶといところがあり、エコノミック・アニマルであり、狡猾にして裏表があり、実利的で、用心する必要があるが、勤勉なうえ親切で、団結力が強く、誠実・質素であり、秩序をよく守り、礼儀正しく、生活力が旺盛である。（同、三六頁）

残忍さは日本に限らない

それにしても、日本人は他の民族よりも残忍だという説は、当たっているだろうか？

サムライが登場するドラマや、あるいは日本社会の今日の犯罪をテーマにしたドラマなどで、斬られて鮮血が飛び散る場面を韓国でもしばしば見ることができるようになったし、目を覆わずにはいられないそうした表現に胸が悪くなる思いをする人も多いだろう。しかしそれが、とりもなおさず日本人だけが残虐だということを裏づけているわけではない。残虐さ——程度の差こそあれ暴力行為にはつきものの——とは、ある瞬間に人間が犯しやすい暴力行為の一つの表現形態にほかならない。その暴力行為を日本人は単にいくぶん直接的かつ単刀直入に表現しているにすぎない。

近代日本が軍国主義時代に犯した残虐行為のうち、南京大虐殺などは紛れもなくナチスのホロコーストに次ぐ残虐ぶりをさらけ出した事件だったが——先頃文部科学省の検定に合格した、中等学校の歴史教科書を執筆した「新しい歴史教科書をつくる会」は南京大虐殺そのものを全面的に否定しているが——、それに似たような残虐性が韓国にはなかっただろうか？　日本軍の暴力行為は、解放の日から済州島の四・三事件を経て一九五〇年六月二五日の朝鮮動乱ののちまで、左右のイデオロギーの対立過程で持ち上がった韓国自身の多くのむごたらしい出来事よりも、ずっと残忍だったと言い切れるだろうか。また、光州事件の残虐ぶりはどうなのか。事件を起こしたのは一部の人々であるとか、異常な状況のもとで行なわれたのだからとか言う人々もいるだろう。しかし、人間の残虐行為は概して一部の人々によって異常な状況のもとで行なわれるものだ。

ナチスドイツはユダヤ人に対してどうであったか？　アメリカは先住民族に対してどうであったか？　罪もない女性たちを魔女と決めつけ、生きながらにして焼き殺した中世のヨーロッパはどうであったか？

言葉を換えて言えば、残虐性とは、人間がある状況のもとでさらけ出すある種の衝動的な感情であるが、その表現にタブーがないからといってただちにそれが残虐さの証明になるわけではない。

いかに滋養強壮のためとはいえ、鹿の生き血を吸うことは残酷ではないのか？　生きている熊の胸を切り開いて胆汁を搾り取る行為は残酷ではないのか？　これらのことは、戦時という異常な状況、つまり人間がやむなく狂気に取りつかれることもある状況でなく、日常的に行なわれているという理由で、より残酷な行為だと言うこともできる。単なる滋養強壮のために生き物の生命を奪い去ることは、残酷なばかりでなく醜いことではないのか？

人間は、ある時代の特別な環境のもとでは残酷にもなりうる。日本人ばかりを残忍な民族だと見なすのは、かつて日本が犯したことを日本だけに限られた特殊なことのように考えるからで、そのとき韓国自身の体験は忘れられるか、免罪される。

少し前のことだが、韓国でも人を殺してその臓器を食べる事件が発生したことがある。以前、日本で起きた同様の事件に触れて『日本はない』の著者は、日本でしかありえないこととして非難していたが、あの事件は日本でも特異な事件であった。それなのに日本の事件がしっかりと記憶されているのは、韓国で発生した事件を韓国の人は大きな社会問題と見なさなかったからかもしれない。中学生が小学生を殺害した事件〔神戸連続児童殺傷事件〕をめぐっては日本中が騒然となったが、韓国で小学生が幼稚園児を殺害したとき、韓国社会はさほど問題にしなかった。人肉を食べた事件は日本では小説の素材にされ、人間を探究する一つのきっかけとなったが、韓国でそうした問題に関心を注いだ作家がいたとは聞かない。

問題は、どちらがより残酷かということではない。残酷さそれ自体は普遍的なもので、空間と時間によって異なる形で現れる。その空間と時間の外にいた人々には、それはより残酷に感じられるものだ。民族性自体が残酷さを決定するわけではない。

「いじめ《ワンタ》」は日本から輸入されたのか

「刀の国日本」とか「残忍な日本人」といったイメージがすぐさま、日本文化＝暴力という考え方を助長したこともあった。いっとき韓国で校内暴力が社会問題になったとき、教育者や評論家から一般の人たちに至るまで、その原因をいとも簡単に日本のコミック漫画の影響のせいにする単純かつ純真な人々が少なくなかったのも、そのためである。

このような判断は、人間は見たものを真似る存在だという認識から来ている。そうした認識は、ある意味で間違ってはいない。人間というものは生まれ落ちた直後から、目に見え耳に聞こえるものを真似て慣れ親しみながら徐々に人間になっていくものだから。

しかし、否定的な内容を持った媒体に接したからといって、誰もがそれを真似るだろうと考えるのはあまりにも単純すぎる。ある状況を受け入れるか受け入れないかは、どこまでも主体の価値観にかかっている。正しい価値観が植えつけられてさえいれば、たとえ子供であろうと、否定的な内容のものを本能的に拒否するばかりでなく、ひいては批判することもありうる。もしも、ある暴力行為を見てそれを真似ようと思ったとしたら、そのときはすでに、それだけ暴力行為への欲求を育んでいるからだと考えたほうが正しい。いわば、すでにそうした暴力を受け入れる内面の用意ができているのである。

言うまでもなく、暴力的なマスメディアが何らかの影響を及ぼすことがないわけではない。しかし、人間が惹き起こすあらゆる事件の原因は、そんなに単純に割り切れるものではない。単純な考え方は、いつまでも問題の本質を見えなくさせるだろうし、問題を解決する糸口まで見つけ出せなくさせてしまうだろう。

校内暴力の問題は、あくまで韓国的状況がつくり出した現象だったと考えるほうが正しい。受験制度中心の教育でさえ日本のせいにしたがる人たちがいる。しかし、民族解放の日からすでに五〇余年が経っている。半世紀以上にわたって批判することなく真似ておきながら、今になって問題点の責任を受験制度をもたらした日本になすりつけたりするのは、恥ずかしいことではないのか。つまりこうした教育と社会全般のいい現代病とが、校内暴力を発生させている荒廃した心性の原因であろう。結果的に日本の社会とあまり変わらないが、それにしてもこれを輸入品と見るのはおかしい。あえて言うなら現代病の輸入であって、近代化によってあらゆる分野で日本のそれに似てきてしまった、韓国の必然的で特殊な現象と考えるべきだ。

先頃、残酷な拷問をしたことで有名な李根安が自首したときも、自分の行なったことについて答えるなかで、すべては「日本の帝国主義時代から習い覚えたもの」という言葉がためらいもなく出てきた。まるで日本から教えられなかったら、韓国にはそうした拷問などなかったろうと言わんばかりにである。しかし韓国にも、方法こそ違えどもさまざまなむごたらしい拷問は存在したのである。

韓国には好ましくない事柄は何から何まで日本のせいにしてしまいたがる傾向がある。日本の植民地支配を受ける前とそれ以後の自分のありようには目をつぶったまま。好評のうちに放映されたあるテレビの連続ドラマで、「いじめられる《ワンタ》」子供を素材にしながら、登場人物の女性の一人はこう言って憤慨していた。「あたしたちったら、日本製ならとにかく何でも輸入しちまうんだから。どうしてこんなものまで輸入するんだろうかね？」

この台詞はこれを書いたドラマ作家の意識でもあれば、視聴者を含めた大衆の無意識を代弁したものでもあるだろう。こうした意識が実に多くの人々の心をつかんでいることが、開かれたものの考え方をするはずの知識人たちまでが似たようなことを口走ることからも見えてくる。

韓国のいじめ《ワンタ》が、韓国と似たような受験の競争制度がある日本から輸入されたことは、不思議なことではない。（洪世和、前掲書）

しかし「いじめ」というものは、自分とは異なる相手——経済力や外見や能力などにおいて優れているか、逆に劣っている者——を爪弾きしたがる人間の本能的な心理があからさまに表に出たものにすぎない。その具体的な状況と深刻さには時代と空間によって違いがあるとはいえ、どの国にも見られる現象である。学校でのいじめにしてもしかり。アメリカやヨーロッパにいじめはないか？　言うまでもなく、ないことはない。せいぜい状況に違いがあるだけである。

一九九〇年代になって韓国で校内暴力の問題が持ち上がった頃、初めのうち「いじめ」という日本語がそのまま用いられたのは、それが日本から輸入されたものだからではなくて、そうした現象を表現できるような適当な言葉が韓国語には見つからなかったからにほかならない。ほどなく「集団的爪弾き」という言葉が使われ出したと思ったら、いつの間にか「ワンタ」という言葉が一般化したのだが、その経過がすっかり忘れ去られてしまっているらしい。おそらく、初めは「いじめ」という日本語を借りて表現されたにすぎなかったのが、いつしか現象それ自体が日本から輸入されたもののように思い込まれてしまったのだろう。しかし、輸入されたのはその内容ではなくて、概念を表現する名詞である。名詞に強い日本語の特徴が手伝ったのかもしれない。

「冷たい」日本人

他者に対して残酷だという日本人のイメージは、「血も通わない」というイメージにたやすく結びつく。血も通わないという表現は、植民地時代の体験から来るイメージということもあるだろうが、それよりもさらに、滅多なことでは感情を表現しようとはしない日本人を指して言う場合が少なくない。たとえば、人間社会の出来事のうちでも最も悲しいことの一つ、家族や親しい知人の死に直面したときの態度がそうである。テレビなどに映し出される韓国人は何かというと慟哭し、それが高ずると失神する。ところが日本人はといえば、たとえ涙を流しても流れ落ちる涙を抑えようととめるか、最初から涙を見せないことさえある。

しかし韓国人にとっての慟哭は、ある種の儀式であった。死者への礼儀であったし、生者との人間関係上の手段でもあった。悲しみをできるかぎり激しく表現することが韓国では儀式としての美徳であって、女性たちの失神はその伝統が今なお生きていることを示している。

ところが、日本では逆であった。日本人は他人の面前で自分の感情をさらけ出すのを、恥ずかしいことと思いなしてきた。涙を見せまいとするのも、そのためであった。これは、韓国人と日本人の日常を支配してきた大きな違いのうちの一つであるが、日本人がいわゆる本心を見せまいとするというのも、この延長線上のことである。

韓国人と日本人とでは、他者に対する距離感覚が異なる。韓国人は距離を置かないことに慣れ親しみ、日本人はいくらか距離を置く気楽さを好む。それは単なる差異にすぎない。韓国的な行動様式を肯定的に考えるようにしつけられてきた私たちの感受性を土台とした判断が、自分自身のあり方を肯定的に判断するようにしているにすぎない。どちらをより普通と感じるかは、個人差またはその個人が属している集団、もしくは共同体の好みによって決められる。どちらか一方に、絶対的な優位があるというわけではない。

感情の直接的な発露は、人間的だと評価することもできるし――それも、実を言えばそう考えるように教育されてきた結果だが――、未熟だと批判することもできる。これとは逆に、感情を表に現そうとしないのは非人間的だと言うこともできるが、自分をコントロールすることができる人間だから可能なことと見なすこともできる。このように見てくると、コントロールできるほうが人間的だと言われれば、それはそれで反論のしようがないだろう。

大切なことは、どのように評価するかという問題ではない。どのような評価であれ、そこには評価する人の個人的な資質と本人が属する集団の共同体的なものの考え方が必然的に関与していると判断すべきである。他者との本当の出会いはそこから始まる。

5 「裏表」と「狡猾」

「血も涙もない」という日本人のイメージはその冷静な姿とともに、「ホンネ」と「タテマエ」という言葉で表現される裏表を持った日本人像と結びつく。また、残忍な日本人像とは対置される、桜の花を愛《め》で茶の湯を愉しみ穏やかな微笑を浮かべる日本人像も、つかみどころのない「裏表のある」日本人像へと結びついていく。

とはいえ程度の差こそあれ、本心というものを別に持たない場合などありうるだろうか？　本心では別のことを考えていながら、さまざまな理由から――それは公的な関係によるものでも、私的な関係によるものでも、相手に対する気遣いでも、意識的に嘘をつく必要でもありうる――それを表現しないのは、誰にでも、どんな集団にでも普通にあることである。

にもかかわらず、とりわけ日本人がそのせいで批判されるのは、彼らにとくにそうした傾向が強いせいかもしれない。といっても、韓国人のほうが比較的本心をさらけ出して見せる傾向が強いのに対して、日本人には滅多なことではそうしない傾向があるといった程度の違いにすぎない、というのが正確なところで、これは前にも言及した他者との距離感覚の違いを表すものでしかない。あるいは、空間と時間に対する社会通念の違いからきたものと言うこともできる。

問題は、日本人には裏表があるというイメージが、狡猾もしくは悪賢いというイメージにつながってしまったことである。鄭大均『韓国人にとって日本とは何か』で見たように、日本人に対する韓国人の代表的なイメージは植民地支配と太平洋戦争であるとともに、「悪巧み」と「下品」であった。

韓国人も中国人も狡猾だった一〇〇年前

ところで、一〇〇年前に書かれた日本の書物を見ると、韓国人や中国人を表現する言葉として、ほかでもない狡猾という文字がしばしば目にとまる。つまり、悪賢いとか狡猾などの表現は、ある特定の民族の特徴を言い表しているというよりは、知らない他者－異民族に対して抱きがちなイメージと見るべきだ。

人間はどんなとき、相手を悪賢いと感じるだろうか。言うまでもなく、相手が自らの利益のためにこちらに対して意図的に損失を与えたときであろう。だからたとえば、相手がこちらの想像力を超えるほど頭を働かせて悪事を企んだりした場合などに、こうした形容詞が使われる。第一章で見たように、旧朝鮮総督府の庁舎や鉄杭などをめぐってたびたび「悪賢い」とか「狡猾」などの単語が用いられたのもその一例だ。とはいえ、ただ単にそんな感じがしたとき、つまり漠然とした警戒心と被害者意識とが、そうした単語を思い浮かべさせる場合も多い。相手がどんなことをしでかすかわからないと考えられるようなときも、人々はその相手を悪賢いとか狡猾だと思うのである。

一九四九年に行なわれた日本人にとっての韓国人のイメージの調査で圧倒的に多数を占めたのも、「狡猾」であった（鄭大均）。当時、韓国人は日本の植民地支配からの解放感からいくらかの暴力行為を働き、そのせいでどんな乱暴なことをしでかすかわからない存在として警戒されていた。そして、そのような意味で怖れられてもいた。「狡猾」という言葉は、こうした文脈から出てきた。

この調査は、韓国人を、群集心理が強いとか集団的であるなどと見ていた事実を示している。また、団結力があるとも言われた。これらの形容詞はどれも、韓国人が日本人に対して現在好んで用いているものなのである。いわばこの結果は、両国国民の実態を表現しているというよりも、相手に対するイメージがどのような状況のもとでつくられているかを教えているのである。イメージというものはそのほとんどが、こうした過程をたどってつくられている。

とはいえ、そのように見えるのはそのように見たいからでもあるが、あらかじめインプットされたものがあるからでもある。教育の場を通してなされたものもあるし、マスコミやマスメディアを通してなされたものもあろう。

次に見る文章は、韓国人の歪められた日本認識を示す代表的な例と言えるものである。

日本を正しく見ようと語る小説家・朴景利《パクキョンリ》――

（韓国では）生命をめぐる追究や生きることの問題などがかなり軽視されておりますね。それは、私がつらつら思いますに、日本から入ってきた風潮なんです。それなのに、かなりの大人たちのなかにも日本文化を称賛する傾向が見られるばかりでなく、日本文学のほうが私たちの文学よりも進んでいるかのように錯覚しておりますね。

日本の伝統や文学というものは、その歴史がひと振りの刀から始まっておりますし、簡単にお話しするなら、私たちの年表を見ますと節目から節目がものすごく長いんですが、日本の年表はすぐに分断してしまうのですよ。それはなぜか？　ひっきりなしの戦《いくさ》で、すべてがいわば変革してしまうんです。腕っ節の強い者が出てくるたびにすべてをまた奪い取るわけです。日本は伝統的に、刀を崇め奉る国だったんです。だから、この国の人たちは受け身の姿勢で生きてきたのです。腕っ節の強い者の前では、受け身の姿勢で生きるしかありませんからね。人間の生命というのは、その本質は能動的なものです。今お話ししたように日本人は受け身の姿勢ですけど、私たちが指を一本動かせるのもみな、生命の能動性のおかげです。ですから一言で言って、日本の国民は受け身の姿勢で生きてきた民族です。なぜなら集団を一つにまとめようとしたら、国民を受け身になるようにしつけなければなりませんから。

それなのに、上手に団結できると日本を羨むんですからね。団結が何ですか？　受け身だからこそ団結できるんです。個性を殺して、言いつけられるままに行動すること、それをしっかり団結できていると言って、韓国の人々は日本を途方もなく褒めそやしています。よく団結できるというのは受け身になることで、受け身であるというのは創造的な能力に欠けるということです。ですから、どこかから元になるものを見つけてくると、それを研いだり磨いたりする技術は伸びますが、創造的な能力はありません。私たち韓国民には創造的な能力があり、日本には技術的な能力があります。ところが、その技術的な能力が、ちょうど入ってきた資本主義にぴったり一致しました。技術を持って発展するのが資本主義でしょう？　なぜなら、複製品をどんどんつくり出して売ればよいのですから。だから、私たちは日本を褒めそやしたり羨んだりする必要などありません。むしろ日本の人々が、私たちを羨まなくてはならないのです。資本主義が進むと、文学はどんな形態になってゆくか？逃避、虚無へと向かいます。そのせいで日本文学の主流をなしているのはほとんどが耽美主義、芸術至上主義で、生活と芸術が遊離している状態ですね。ところがこれが日本から入ってきて、私は近頃は作品をあまり読まないんですが、村上春樹とか、芥川龍之介、この人も公言したではありませんか、自分は芸術のために生きるんだと。でも芸術のために生きるとなると、人生に終わりはありません。ほら、日本でどれだけ多くの文人たちが自殺しましたか？　どれも、それだけの理由があります。しかしそれが今や耽美主義の亜流になったり、質が落ちればエロチシズムになったりするんです。それから、刀を振り回して毎日のように争うものだから、夜昼となく血を連想するようになるし、それがグロテスクになります。グロテスクとエロチシズムが、日本の耽美主義なんです。ところで、グロテスクやエロチシズムというものは、意味のないものです。だから私たちも知っているとおり、偉大な思想家や哲学者が出てこない。宗教だって、形式が整っているだけで本物の宗教なんぞありません。（中略）こんな具合に、日本の宗教というのはめちゃくちゃで、何一つとして完全なものはありません。（インターネット資料「作家、朴景利先生との対談」一九九七年八月二八日）

ここには、韓国人にとって好ましくないものはすべて日本から持ち込まれた、日本文化は刀の文化だから好ましくない、腕力の強い者が登場するたびに権力が交替してきた歴史がすべて日本人に受け身の姿勢を取らせてきた、その受け身の姿勢が集団性を形づくり、上手に人真似はするが創造的な能力——韓国人にはそれがある——を失わせてきたという、韓国人の一般的な日本観が集約されている。ことによると、今日の韓国人の日本観なるものはすべて、この大作家先生の影響から来ているのかもしれない。

韓国人にとって好ましくないものはすべて日本から持ち込まれてきたと思い込んでいることや、日本文化は刀の文化だと解釈していることの問題点などについては、もはやこれ以上言及する必要もないだろう。日本人＝受け身という見方などもやはり、いかにも韓国的な、紋切り型の日本観だ。権力に屈することを受け身と表現するなら、韓国はもとよりどこの国に対しても言えることである。受け身でおとなしく見えるというのが日本人の一般的なイメージだが、日本の歴史をひもといてみればわかるように、農民たちによる百姓一揆なども決して少なくなかったし、下克上と呼ばれるサムライたちの謀反やクーデターなどもあった。これらの事件を通して見えてくる彼らの姿は、およそ受け身からはほど遠いものである。

日本人は一般的に団結力があるという肯定的な評価さえ、朴景利によれば受け身だからそうなのだと否定的に解釈され、創造性に欠け、人真似ばかりしているという、おなじみのお題目が繰り返される。技術力と資本主義とを結びつけて語っているくだりでは、技術分野にのみ長けている日本人、エコノミック・アニマルとしての日本人を連想させるように仕向けている。

同様に、「刀を振り回して毎日のように争う……」とか「偉大な思想家や哲学者が出てこない」という表現なども、日本文化に対する無知と歪曲ぶりとをさらけ出した偏見でしかない。

おまけに日本の宗教についても否定的に語られているが、この大作家先生がおっしゃりたかったのは、じつは、日本にあるのはどれもまがい物ばかりで、ホンモノ、つまり本当に価値のあるものは見当たらないということのようだ。

「島国」日本をどう見るべきか

「島国」ということで、とかく奇妙な目で見られている日本の地形的な特徴は、日本の文芸評論家・柄谷行人によれば、あらゆるものを受け入れる未完成の立地を自覚することによって、自分たちが受け入れる立場であることを否定的に考えたりせず、あらゆる新しいものに対して貪欲なほどに好奇心を抱かせるようにしてきた立地であった。いわば、アイデンティティ不在の状態を守り抜くことによって、純粋とか固有などに執着しない、いわゆる「雑食文化」にのみ可能な底力を養ってくれたものでもあった。たとえば、土着信仰に儒教と仏教とを仲むつまじく接ぎ木させてしまう日本人の柔軟さ——宗教の純粋性を擁護したい人々からすれば、排斥されるべき不純な思考だろうが——はほかでもない、こうした彼らの個性から生まれてきたのである。

それどころか日本人はそのような個性を生かして、儒教と仏教と道教、つまり儒仏仙を合体させた新しい宗教をつくり出した。しかもそれは、毎日の暮らしを支配するようなものではない。彼らにとって宗教というものは、あくまでも日常生活の裏側に隠れていて、必要と思われるときに姿を現すものにすぎない。彼らは、宗教を絶対視することはない。いわば、彼らにとっては宗教よりも実生活のほうがずっと大切なのである。したがって、結婚式は神式で葬式は仏式で執り行なう人たちが日本人のなかにいるからといって、奇妙と見るべきではない。なぜなら、彼らにとってそれらはどこまでも儀式でしかなく、宗教行為ではないのだから。まして雑食文化であることでは、韓国とて変わりはない。結婚式は西洋式で執り行ないながら、その式が終わると「幣帛」〔新婦が舅姑に贈り物をして初対面の挨拶をする儀式〕という、男性優位であることを満天下に知らしめる伝統的な儀式が始まるのだから。

人間は儀式のために、何らかのスタイルを必要とするものである。日本人の場合は、そうしたスタイルを、さまざまな宗教から借り受けているにすぎない。これに対して、宗教を何と心得ているのだと憤慨すべきだろうか？　しかしその憤慨は、逆に宗教に囚われているせいかもしれない。

日本が文明開化に成功したのも、こうした柔軟な個性を積極的に発揮したからである。西欧人の生活様式と考え方を自分たちのものとは違うからと排斥したり、無価値なものとして一蹴したりする代わりに、知的好奇心を働かせて学び取ろうとしたうえ、とうとうわがものとしてしまったのである。一六世紀にポルトガル人によって種子島にもたらされた鉄砲をいち早く改造して使用したのも、ほかならぬ彼らのそうした個性ゆえである。

朴景利が耽美主義の文学を槍玉に挙げているのは、谷崎潤一郎や三島由紀夫といった数人の耽美主義的な作家たちを念頭に置いてのことだろうが、皮肉なことに西欧社会に最も早く受け入れられて評価されたのは、ほかでもない彼らの耽美主義的な作品であった。むろんこれは、オリエンタリズム的な見方を反映した評価によるものであっただろう。だが、だからといってそれが全面的に否定されねばならぬ理由はない。これらの作家の文学作品のすべてに、あるいはどこかにグロテスクに見える部分があったとしたら、それは慣れ親しんでいないものの考え方が表現されているからであり、韓国人がさまざまに自己規制してさらけ出そうとしない部分が、彼らの作品にはさらけ出されているからである。

次のような発言もまた、朴景利の見方と遠くないところにある。

> 日本人の実用主義的な適応能力は、近代化の精神的な土台になりもしたが、とりもなおさずそれは日本人の精神的な貧しさにつながっている。日本が表向きは世界最高水準の経済大国になった今も、その対外的な姿勢や文化水準において大国や先進諸国に著しく劣っているのは、外国の文物を受け入れて近代化していく過程で、原則と理念、哲学などが欠如していたからだと思われる。（金永明『日本の貧困』五三頁）

> 自己陶酔に陥っている日本人の世界観は、このように非常に独善的で料簡が狭いものである。これはもともと、広い視野を持つことができず、他の国民と平和裡に共存することを知ることがなかった日本人の特性からして、当然の大きな限界である。（申平『日本の国　日本の風』二五三頁、ソウル・世代、一九九〇年）

当然のことながら、日本にも問題はある。だが、日本人は「もともと」料簡が狭いという見方は、それを彼らの根っからの「特性」と思い込ませる偏見を助長するものである。

ここには、ある民族をある種の性格で規定してしまおうとする考え方がある。これは、民族というものを時代が変わっても恒常的な均一の集団であるかのごとく錯覚させ、その民族を構成する人々の歴史的・階層的・性的な違いを無視するよう慫慂《しょうよう》するものである。ある対象を一言で表現しようとする熱望は避けられないものだとしても、それがイデオロギーとして機能する場合には、疑いを持って拒否すべきだ。自分に関わる議論に対しても、そうした権利があるのと同じく、である。

6　日本観の原型『菊と刀』を批判する

韓国人のこのような日本観の原型は、アメリカの女性文化人類学者ルース・ベネディクトの『菊と刀』に負うところが大きいように見える。この著作は日本論の古典と見なされているものだが、「美を愛し、美しい菊づくりに全力を傾ける」麗しい心情を持つ日本人と、「刀を崇め奉り、サムライに最高の敬意を払う」残忍な日本人という具合に、日本人は二つの表情を持っているとしたのが、ほかでもないベネディクトであった。

彼女は儒教的な家族主義が日本人の意識を決定するうえ、恩義というものによって日常生活を支配され、日本人は自分を分相応の立場に置くことにつとめようとし、羞恥心が行動を規定すると書いている。この分析は、主従の関係を強調することによって集団主義と階級社会としての日本像を定着させたが、じつは、集団ではない個体としてのあり方も強かったうえ、絶対的な受け身の存在だったというイメージに反する庶民階級による蜂起も少なくなかったという反論が、最近では強まっている。

よく知られた話だが、ベネディクトは一度として日本に滞在したことはなかったし、彼女の研究資料はアメリカ在住の日本人か、文献類であった。彼女はそれらの資料だけで優れた分析力を発揮してみせたわけだが、日本語を知らなかったために言葉の解釈で過ちを犯してもいる。何よりも、彼女の分析対象は近代以前の日本が中心、現代といっても一九四四年までの日本であった。その限界を見落としてしまったら、既存の判で押したような日本像から脱皮することはおぼつかないだろう。

アメリカが彼女に日本を研究させたのは、太平洋戦争が終わりを告げたのち、戦後の日本をどのように扱うべきかに対する解答を得るためであった。当時アメリカは日本を野蛮な国としてしか見ておらず、そうした優越感とオリエンタリズム的な見方が、日本人を世界に類のない変わり種の種族であると特別視させた。

ある対象を一面的に説明するのは、その対象のなかに存在する無数の差異を無視することでもある。対象を規定することも時と場合によってはたしかに必要だが、同時に差異に対する細かな気配りが求められる。にもかかわらず差異が無視された結果、西欧社会にも存在する階級社会が日本にしかないかのように規定されたり、東洋社会に共通の儒教的な観念が日本だけの価値観であるかのように、『菊と刀』には描かれてしまった。そのため二面性を持つとされた日本人像は、平和なうちにもいつなんどき刀を抜いて襲いかかるかもしれないという恐怖と疑惑の念を広く抱かせ、理解しがたい危険な民族というイメージが定着した。

このことからも言えるように、他者に対する分析は、同時にその分析者が属している時間と空間と資質による限界をも示す。

最近のベストセラーである李元馥著『遠い国、近い国――日本編』(邦訳は松田和夫・申明浩訳『コリア驚いた！ 韓国から見たニッポン』朝日出版社、二〇〇一年)も、ベネディクト的な見方を踏襲している。日本は刀の文化の国であるとか、サムライ観や創造性に関する説明などがそうである。あるいは利己主義やいじめに関する解釈、閉鎖性の指摘、日本語を流布させようとしているなどという見方なども、これまでにあった警戒の念を喚起させる発言とさして変わらない。

ただ、日本語を広める努力に関して言えば、今や日本語は世界でも使用者数が上位に達している言語である。言葉というのは、ある意味では経済そのものでもある。強大国の言語がつねに世界のなかで中心的な位置を占めるのはそのためである。ある人が他国の言語を学ぼうとするのは、その国に特別の関心を持つ一部の人々の動機を除くならば、その言語を習得することが自分の価値を高め、最終的には経済的な利益を期待できると考えてのことであろう。近頃の英語ブームを見ればわかる。

言うまでもなく、無知と偏見によって形づくられているその他もろもろの日本論と比べたら、ベネディクトの著作は偏見から脱け出そうという努力の跡が認められる一冊と評価できる。にもかかわらず数々の誤りが認められることは、他者に関する偏見を除き去るのがどれほど難しいことかを示唆している。

7 日本文学を語る——『雪国』から大江健三郎まで

経済は時に文化を引っ張る

朴景利は日本文学一般をけなしているが、日本文学は今や韓国においても確実に読者を確保している。だとしたら、韓国において文学以前からあった漫画があれほどの人気を得た理由は何だろうか。日本が漫画によって文化「侵略」を図っているのだと主張する人もいるが、「侵略」とは受容側の意思を無視した暴挙なのだから、漫画の場合は、消費者自身の（読みたい）欲求を満たすべく輸入されていたと考えるべきであろう。そうした状況を「侵略」と称するのは、これまで見てきたような存在しない「意図」の想像でしかない。

日本文学や漫画好きの人たちは、それらが「日本」のものであるゆえに好きなのではない。彼らは単に「面白さ」や「感動」（こうした要素は大衆文化消費に必須のものである）を求める。いつしか青少年たちの話題の対象が「日本」になったのは、あくまでも結果でしかない。

西欧文化が、それが「西欧」のものだからではなく、それなりの必然性――たとえば先進国のより高いレベルの文化に接したい知的要求を満足させる――をもって私たちと出会うように、一時はやった不法な日本文化流入もまた、「日本」のものだからではなく「先進」国のものであったり、簡単に手に入るような「お隣」のものだったからこそ起こったことだ。日本の漫画は早くからアメリカやヨーロッパへ輸出されていたし、韓国での日本漫画の輸入もまた、そうした流れの一つとして現れたにすぎない。

経済的な先進性は、必ずや文化の先進性につながる。日本を「経済」大国ではあっても「文化」大国ではない国家として見なすような傾向は、経済と文化を別物と考えるような考え方がつくった誤解だ。さらに言えば、経済を支える高いレベルの「技術」もまた、広い意味ではその民族が長い歳月にわたって磨いてきた「文化」以外の何ものでもない。

ともあれ、韓国が過去の一時期において日本に文化を伝えるような国であったように、今日の日本は韓国より一歩先を歩いていることを冷静に認めて日本を見るべきだ。過去の後進国がいつの間にか自分の前を歩いていることに、韓国人の多くは居心地の悪い思いをする。しかし日本が過去において韓国によって文化が伝えられた国であることを、韓国は日本の植民地になったときに忘れるべきだったかもしれない。栄光ある過去への執着は、さほど意味がないのだから。韓国が生きている空間は二一世紀を目前にした「今」であり、韓国が日本に多くの面で立ち遅れているという事実を直視することこそが必要だ。それだけがせめて、さらに後れを取らない道につながるはずだからである。そうした明確な事実を韓国は見ない振りをし、九〇年代を通して、韓国のやり方でやればいいのだというような自己満足に陥り、日本について偏見と歪曲に満ちた言説に飛びついていた。しかし、このままでは韓国は日本に立ち遅れるだけでなく、世界の中でも立ち遅れてしまうほかない。

大江健三郎の「想像力」

日本文化に警戒の視線が向けられていた時期も、音楽は問題なく受け入れられてきた分野だった。しかしひと時代前に中学の教室で回し読みされていた『氷点』や、ノーベル賞を受賞して有名になった『雪国』、さらに妊婦たちが胎教のために読むような妙な読まれ方をされた『徳川家康』を除けば、八〇年代末までは日本文化に対する一般読者の関心と知識はまったくなかったと言っていい。文壇においても日本文学は軽視される傾向が強く、韓国の目はただ西洋文学に向けられていた。それから二、三十年。今日の韓国人の前に置かれているのはその間に大きく成長した日本文学、そしてそのことによる日本文学の世界的レベルの現状である。

いったいこの間に何があったのだろうか。なぜ日本文学は英語やイタリア語、フランス語に活発に翻訳され（政府支援ではなく、民間レベルでの自発的な翻訳が活発に行なわれていることに注目すべきだ）、ただでさえ積もる黒字貿易の数値を高めることに貢献することになったのだろうか。

九〇年代以降、韓国には多くの現代日本文学が紹介された。ベストセラーになりロングセラーの列に加わるようになった村上春樹をはじめ、ノーベル賞受賞という華やかなタイトルとともに突然知られるようになった大江健三郎、新世代作家として知られた吉本ばなな、芥川賞を受賞して韓国でも有名になった在日作家の柳美里など、大家から新人レベルまで活発に紹介されたおかげで、今や不十分でありながら現代日本文学地図を描いてみることができるようになった。これらに『ローマ人の物語』の塩野七生と最近脚光を浴びている浅田次郎まで入れるならば、韓国においても日本文学はすでに身近なものと言える。

まず、名実ともに現代日本文学の巨匠と位置づけられた大江健三郎について考えてみよう。彼が障害児や核などを素材に人類の滅亡という切迫した危機感の中で救済としての文学を目指した作家であることはすでによく知られているとおりだ。大江は

「想像力」という言葉をよく使ってきたが、それは韓国人が一般に考えるような想像や空想とは少し距離のある言葉である。わかりやすく言えば、相手の立場に立って考えてみることのできる能力が、大江の言うところの「想像力」だ。

言葉は簡単でも、実践は簡単ではない（人類がこれまで行なってきたおびただしい数の戦争や、人間の間に葛藤をもたらす肉体的・精神的・言語的暴力はまさしくその「想像力」の不足から来ていると言える）。この言葉こそが、大江文学を説明することができるキーワードの一つである。

大江が一貫して求めてきたのは、人間にとっての暴力の問題である。たとえば一九六七年の作品『万延元年のフットボール』は、現代日本が生んだ最も優れた作品の一つと断言できるが、それはそこに人類を不幸にする暴力をめぐる深い思考が内在しているからである。人間の本能としての他者に対する排除意識――異物感を取り除くための働きかけ――の原点を見つめようとする大江の視線が向かうのは、まずは自らの中の暴力である。さらにその視線は小さな田舎の村――自分の出身地としての共同体を見つめることに向かい、さらに「日本」という共同体批判へと向かう。その作業は、単なる自己批判のレベルではなく、人間そのものを見つめる作業でもある。大江がなしとげたのはそのようなことだった。

「他者」「暴力」との向き合い方

　村上春樹の文学が若者たちの共感を得ているのは韓国にとどまらない世界的な現象だが、村上文学に問題がないわけではない。村上文学を「喪失」〔『ノルウェイの森』は韓国で最初に『喪失の時代』というタイトルで翻訳された〕などという言葉に頼って読むことには問題がないわけではなく、村上が『ねじまき鳥クロニクル』で初めて試みた、他者への積極的な関わり合いや歴史をめぐる思考の試みも必ずしも成功したとは言えない。とはいえ『喪失の時代』で知られた村上が、遅ればせながらそうした試みに出たことは注目に値する。村上をそうした試みに向かわせたのは、いわゆる「良心」というより「知性」と言うべきであろう。それは、今日の世界的な思想家たちが形は異なっても共通してこだわる問題が、人種差別や宗教紛争などによる暴力だということ、さらに異質なものを排除しようとする人間の本能――本能というより同質性を強調する教育の結果でもあるが――を乗り越えて、平和な共存が可能なのか（たとえば哲学者デリダはその方法の一つとして互恵概念を提案した）などであるということだけを見ても明白である。

　もっとも、「他者」や「暴力」などの問題提起は、「歴史」をめぐる考察に限られるわけではない。すでに重鎮の作家となった山田詠美の場合、『風葬の教室』で学校暴力問題を通して人間を精神的肉体的暴力へと走らせるものは何なのかについて考察しつつ、そうした暴力に対抗しうる方法を模索している。作家が提示した方法に対して、忍耐や愛など聖人のような答えを期待する読者たちはがっかりするかもしれないが、これまでの価値体系に頼らずに自分の力で探り出した作家の考えは、主人公の少女が自殺せずに生きていくために選んだ、文字どおりの「現実的」な選択であった。

また、黒人をよく登場させている山田小説のもう一つの重要なテーマが人種差別問題であることはすぐに知ることができる。「差異」に対して「差別」を行なう人間心理の根源を徹底的に突き詰めようとする山田の作業は、ある意味で大江健三郎の作業と異なっているかのように見えながらもつながっている。

柳美里の小説は少し前まで崩壊の危機にさらされているか、すでに崩壊したあとの家族をおもに扱っている。彼女の小説は家族を一つの制度として認識しており、家族制度がつくる「血縁」に対して冷静に距離を置いている。家族を扱う場合、家族の崩壊を悲しむのが当たり前のようになっていた韓国の文学は、血縁幻想に頼っていたこと、したがって制度としての「家族」――現在のような概念を持つ家族が定着したのはまだ一〇〇年あまりでしかないこと、家族概念は意識的無意識的に他者排除を支えてもいる――概念が定着する前のことであることを考えるならば、韓国文学と柳美里が依って立っている場所はかなり異なっていることがわかる。

島田雅彦の乾いた感じの小説から見えてくるのもまた、自分の中に存在する共同体幻想をいち早く捨ててしまっていることから来ている。島田には日本人としての主体性なるものは冷笑の対象でしかない。日本ではないどこか、都会ではない郊外、中心部ではない周辺部に居残ることを島田の主人公は願い、彼らが求める空間はどこにも属さなくていい中間地帯だ。それは島田が、周辺部への単純な憧憬は結局のところ、もう一つの中心をつくることでしかないのをあまりにもよく知っているからであろう。

吉本ばななの場合は、一見こうした作家たちとは異なっているかのように見える。たとえば家族概念に限ってみれば、吉本は柳美里とは完全に反対の場所に立っている。吉本にとって家族は相対化の対象ではなく、依然として慰められる空間だ。しかしその家族は必ずしも血縁を基盤とはしていない点で、従来の家族概念を超えている。同じ空間に住み、外部から受けた傷からの回復を助けてくれる人。吉本にとって「家族」とはそういうものである。さらに同性愛者やトランスジェンダーの人物など、まだ社会に十分に容認されていない存在も、吉本の小説では異質な存在ではない。すべての存在を、自分と同じであるとか似ているとかの理由からではなく、異なるままに、さらに異なるからこそ受け止める吉本の小説は、人類のヴィジョンと小さなユートピアを目指しているという点で評価できる。

塩野七生の作品は一般的な意味での小説とは異なるが、関心を置くべきは一人の日本人作家が、現代ではない古代の、日本ではないローマの話を書いて広く受けとめられたということである。最近翻訳された平野啓一郎も、同じような文脈で注目されていい。

世の中のすべてのものを対象に関心の赴く事柄を深く吸収・消化し考え尽くし、自分のものとして再創造してゆく日本の特徴が、文学の中でも発揮されていると言えるかもしれない。何よりも、古典文学は言うまでもなく、近代初期の文学までをもパロディにしてしまうような、強い吸収力が注目に値する。

ある対象に対する深いこだわり――これこそ真の意味での伝統の継承と言うべきだろう――が対象を広げると、世界共通の知的財産までも視野に入ってくる。そうした過程を通して、模倣のレベルにとどまらない再創造が日本ではかなり行なわれている。自分の周りの時間と空間を超えて世界を眺めることは、素材選びの陳腐さと常套的な日常性から逃れさせる脱出口になる。そのためには言うまでもなく柔軟な思考と幅広い知的好奇心が必要だが、塩野七生が新鮮に見えるのはまさにそうしたものを持っているからだ。日本の漫画が世界から受け入れられたのも、そうしたことによるものと言える。いっとき熱狂的に受け入れられたアニメーション『新世紀エヴァンゲリオン』が、『死海文書』〔第二次大戦直後の一九四七年に死海近くの洞窟で発見された羊皮紙に書かれた文書。二〇〇〇年前のヘブライ語の文書は、聖書の権威を壊すものとしてヨーロッパ社会に衝撃を与えた」などを効果的に使っていることがその良い例であろう。

『雪国』の三〇年後

ここで言及しなかった作家まで含むなら、暴力や差別に対する深い関心や、都市への志向から脱出した周辺部への関心以外にも、言語・母国語・民族や、これまで自明なものとされてきた概念の相対化、幅広い知的好奇心などが、現代日本で幅広く活動している作家たちの共通の特徴である。韓国文学が九〇年代に「個人の内面」と「死」をおもに取り扱っていたとき、日本文学は「共同体」と「個」を乗り越えた「生」を模索していた。断絶や孤立に閉じこもる自閉的な文学を乗り越えて、関係の可能性を探っていた。自己を美化する欲望から抜け出して自己批判を試みていた。

感傷や孤独、自己批判なき被害意識、乾いた空虚さなどはもはや、現代日本文学の関心事ではない。日常の無意味さを掲げて自らを殻の中に閉じ込める文学がすっかり消え去ったわけではないが、そうしたものが主流となりえないのが現代日本文学をめぐる状況なのである。

こうした傾向はすべて、現代日本文学が従来の感性的な「文学」の中に安住することを拒否して「他者」を真面目に見つめ始めたことから起きた現象と言える。自己を投影したにすぎない「他者」ではなく、生きている「他者」を、である。他者に開かれない自己の物語がナルシシズム以外の何ものでもないこと、そしてその無意味さを、日本の作家たちが自覚した結果だった。

世界では相変わらず人種差別と宗教紛争がどこかで続き、地球のどこかでは難民が生じ、殺戮と暴力がはびこっている。こうした時代の人類に必要なのは共存のための知恵であろう。現代日本文学が他者と出会う方法をそれぞれのやり方で模索し、その模索と世界との出会いに関心を寄せているのは、そうしたことへの答えを提示しているからである。大江健三郎の文学が世界文学として位置づけられたのもそれを示している。大江より先にノーベル賞を受賞した川端康成の文学は、たとえば『雪国』が示すように日本の美を求めた文学だった。しかし大江の文学は、日本の美などには関心がない。そういう大江に賞が与えられたということは、わずか三〇年に満たない間に世界の文学観も変わったことを示してもいる。

言い換えれば、三〇年前に温泉村の芸者を中心に語られた「日本の美しさ」の表現をオリエンタリズム的視線から評価したノーベル賞委員会が、今や(批評基準の深化に伴う自然かつ当然の現象と言うべきだ)変わったということでもあろう。川端のような自国中心主義的な(「他者」が存在しない)文学ではない、たとえ舞台は日本の山中の小さな村であろうとも、世界の人々が自分の物語として共感しうる人間の根源の問題を取り扱った文学を、今世界は評価し始めているのである。

8　日本文学を語る――「世界文学」の条件

「韓国文学は日本に立ち遅れていない」という主張

一九九四年の秋、日本の大江健三郎がノーベル文学賞を受賞したとき、多くの人は日本の受賞理由はロビー活動にあると考えたがった。メディアの目立たないあおりとそれに喜んで乗った読者の欲求が出会った結果だったが、そうした雰囲気の背後には、「どうして韓国は?!」という不満があった。いったい韓国文学のどこが日本に遅れているというのか？　これほど私たちを感動させる文学が現にあるのに、韓国文学が受賞しない理由はいったい何なのだ?!

こうした問いに、答えが与えられなかったからであろう。当時メディアは大江が体制に批判的な作家であったことに安堵しつつ好意的に報道しながらも、もう一方ではノーベル賞審査委員たちはほとんど老人ばかりだなどと、ノーベル賞の権威を貶めることも忘れなかった。

そういうことだから安心せよ韓国人たちよ、今回の授賞は日本の経済力に与えたものであって日本文学が韓国文学より特別に優れているからではない。多くのメディアはこうしたメッセージをそれとなく伝えていた。

しかし、先ほど述べたように、大江の受賞は決してそうした文脈から考えるべきではない。たとえ大江個人の文学の力が受賞に不十分だったとしても、彼の受賞は日本文学全体のレベルの高さが認められたものだと言っていい。日本人作家は、一九六八年に川端康成が受賞する以前から、三島由紀夫、井上靖、安部公房などがノーベル文学賞候補として挙げられていた。そういう意味では日本国内の期待が大きかった安部公房や井上靖が運悪くも亡くなってしまった後、いくらかは彼らの分も込められた賞が大江健三郎という個人に与えられたと考えるのが正しい理解であろう。

言うなれば、一九九〇年代初めにおける世界の日本文学理解は、韓国の日本文学理解よりはるかに深く視野の広いものだった。そういう意味でも大江自身の謙虚な言葉——その年の文学賞が日本文学全体に与えられたのだという言葉は間違っていない認識とも言える。いち早く川端康成とともに候補になっていた三島由紀夫が川端の代わりにノーベル賞を受賞していたならば、三島の自殺というあの悲劇的かつ喜劇的な瞬間はなかったという説がもっともらしく言われていることも、すでに三、四十年前から日本文学に対する世界の関心が決して小さくはなかったことを示している。

安部公房の衝撃

三島由紀夫や谷崎潤一郎は、川端とともに比較的早くから海外に紹介され、高い評価と人気をともに勝ち取っていた幸運な作家だった。谷崎の場合は人間にとっての「性」の問題を徹底的に追求した作品が人間の普遍的な問題を掘り下げたものと評価され、三島もまた早くから戯曲集などが翻訳上演されるなど、そのセンセーショナルな死とともに海外で最も有名になった日本の作家でもあった。

三島や谷崎の作品は確かにグロテスクな面やエロチシズムの要素を持っているが、そのことがそれ自体で否定的に評価されていいわけではない。川端、三島、谷崎などは海外に紹介され一定以上の評価を得られた第一世代と言えるが、彼らがおもに「日本」を強調した日本的な作品でアピールしたとしたら、その後の世代は「日本」にこだわらないテーマ、普遍的なテーマでもって外国の読者たちにアピールした。

たとえばあるフランス人が語るように、安部公房の衝撃は彼の作品があまりにも「日本」のイメージと切り離されたものだったこと——桜も色濃いエロチシズムもなく、曖昧な美意識の代わりに明晰な論理が存在し、荒廃した都市風景を背景に広げられる自分と他者の探究などのテーマによるものだった。そうしたテーマに感動した一人の西洋人読者によって安部公房は翻訳され、ノーベル賞候補となったのである。その後、海外に紹介され評価されただけでなく一定数の読者層を獲得した彼の作品はほとんど、ある普遍性を持っていた。大江健三郎の作品もまた同じ文脈で紹介され、代表作『万延元年のフットボール』は日本での発表から七年後の一九七四年に翻訳された。つまり、ほとんど同時代的な関心と紹介が西洋で行なわれていたのである。現代の世界の評価はそうした蓄積があってこその評価と言えるだろう。

差別される階層の苦痛に根づく、性と肉体の暴力に深くこだわった中上健次も、英語圏とフランス語圏で高い評価を得ており、太宰治の娘でもある津島佑子もすでに二〇年前に西洋に紹介されて作品がドラマ化されるなど、自明なものと見なされてきたすべてを疑う視線が高く評価されている。津島佑子は『源氏物語』のような古典の繊細な女性文学の伝統を受け継いでいながらも、知的訓練を積んだ者にのみ可能な現代的な思考を併せ持っていることが評価された理由でもある。現在では世界各地においてこうした第一、二世代の文学に関する国際シンポジウムが時どき開かれているが、それは、そうした作家たちの作品が研究対象として、つまり人類の知的財産の一つとして位置づけられたことを意味する。

こうした作家たちに続いて八〇年代後半から九〇年代以降に紹介された第三世代の特徴は、作家たちのためのホームページが外国人ファンによって制作・運営されているということが示すように、評論家の評価とは関係ないところで熱狂的な読者を確保したという点にある。

村上春樹の場合、一見若者たちの洗練された日常を描いているかのように見えながら、人間の傷つきやすさを見つめる真摯さが、吉本ばななの場合はあらゆる偏見から自由になろうとする志向が、慰めを求める読者に人気の理由と言えるだろう。島田雅彦のような作家は、アイデンティティの破壊欲求あるいは存在の根拠のなさに対する認識が自分のルーツを否定する日本人の新しい姿として表れ、共感を得た。その結果、外国に翻訳され読者を得るようになり、二〇世紀末現在の日本文学は、軽い娯楽としての知的エンターテインメントの役割——つまり生活の中に居場所を得るような世界レベル——にまで至ったのである。

韓国文学が世界的レベルに遅れているとしたら

現代日本作家がどのような点で評価を受けているのかについてはすでに書いた。しかしそれはあくまでも結果であって、一つの国の文学が海外に紹介されるためには何よりも先に翻訳がなくてはならないのは言うまでもない。先に触れた日本文学が紹介された過程を見ると、多くの場合、日本に留学した留学生たちが貢献したことがわかる。つまりあるきっかけで自国で日本に関する勉強をした学生が日本に留学し、一つの作品に出会い、その作品に対する愛情が彼らをして翻訳という非常に労力の要る作業へと促し、研究させ、自国に帰って自発的に一般人に知らせるために努力するような過程を経る場合が、ほとんどなのである。極端に言えば、翻訳と作品評価と読者確保が一人の個人によってできているということであって、先ほど日本政府によるノーベル賞のロビー活動説を否定したのもまさにそうしたことによる。重要なのは、現在までの日本文学紹介がほとんど翻訳者の自発的な意志によるものだという事実である。

もっとも、こうした意欲を持った人たちに対する支援システムも早くからつくられてはいた。しかしそれはあくまでも結果でしかない。つまり、ある小さなきっかけから始まった一つの国に対する関心と愛情こそが、その国の文学を紹介するような情熱を促して多くの翻訳者と研究者を生み出したのである。

翻訳者たちの関心が、敗戦直後ならばアジア唯一の帝国主義国家などという否定的な姿への関心、その後なら驚異的な経済発展をなしとげた国というような肯定的な姿のうち、どちらに刺激されたものだっただろうということは、たやすく推定できる。中には、一人の日本人との出会い、短い日本旅行などの小さなきっかけもまた少なくはないようだ。

しかしきっかけがどうであれ、「日本」をもっと知りたいと考えた人々にとって日本という国がさらに大きな魅力でもって近づいてきたことは十分に想像しうることだ。

彼らの関心と情熱を持続させたものはまさにその点であり、そうしたことこそ重要だ。言うなれば、関心を持ち続けることの可能な何かを持っていること、そのことこそが現代日本文学の世界レベル化の背後にあるものである。

韓国文学が日本文学より世界レベルにおいて立ち遅れているとしたら、その理由はすでに明らかだ。まずは外国人の関心を引き、愛情を持続させるような条件が足りなかったことからくる、翻訳者の不足だ。つまり国としての魅力を持つことである。繰り返すが、それはシステムに依存する翻訳家養成だけでは解決できない問題である。

もっとも、作品自体の問題もないわけではない。韓国人の多くは韓国の土俗的精神が表れている作品を素晴らしいものと考える傾向を持っており、朴景利『土地』が高く評価されたのもそうした価値観と無関係ではない。そしてその背景には「韓国的なものこそが世界的」といった信念がある。しかし前述したように、大江の『万延元年のフットボール』の場合、その背景は日本の田舎であってもそこで描かれているのは閉じられた共同体への批判であり、他者に対する開かれた視点である。少し前に韓国の新聞に出ていた『土地』の広告は、「この作品を読むと韓国人たちを愛せずにはいられないだろう」というフランス人たちの評価を伝えていたが、そのような言葉に喜ぶべきではない。それは西洋人たちのオリエンタリズムが反映された言葉にすぎないのである。

望むべきは、西欧人が韓国人を「愛」してくれることではなく、つまり人類学的な関心ではなく、「私の物語」がそこにあると考えてもらえることである。特殊な素材を扱っていても人類共通の問題として考える認識があるのかどうかを問いかけるべきであり、そうした作品であって初めて世界の中の共通財産として提示することができるはずだ。たとえばアフリカ文学や南米文学が注目される理由は、アフリカ人や南米人を登場させてはいても人間の普遍的で根源的な問題がそこにあって、時代と空間の違いを乗り越えて私たち自身の問題でもあることを突きつけてくれるからである。

一人の作家の作品が持続的に読まれるためには、まず何よりも文学が求められる理由——慰め、救済、楽しみ——などを満足させることが必要である。韓国的な話であっても人間の問題として共通するある発見がそこに存在するべきである。そうした意味で韓国を「知るための」文学は、文学としてより社会学的人類学的資料として受けとめられる可能性が大きい。それだけでは持続的な読者層を形成することは難しい。大江の作品が人類の普遍的なテーマに近づいた物語だったことを参考にするならば、韓国がどんな文学を目指すべきかはすでに明らかだ。自分が良い作品と考えるものが他の国の読者たちにもアピールできるのか？　自分の価値は彼らにも価値でありうるのか？　自分の感動は彼らの感動になりうるのか？　韓国文学が世界レベルになるための出発は、そうしたことを問いかけることから始めるべきだ。文学もまた消費される商品である以上、現在の世界の中で売れる商品がどういうものであるかを知ることは大切である。

もっとも、韓国にそうした作品がないわけではない。誰がそれらの作品を確かな目で評価し、読んでもらえるようにして支えることができるのか。世界レベルになるかどうかは、そのことにかかっている。

第4章　ナショナリズムとは何か

1　拡張主義のナショナリズム

「進出」なのか「侵略」なのか

一九九九年七月二一日付『朝鮮日報』に掲載された、広々とした平野を背景とする全面広告を見てみよう。そこには「広開土大王様、ヤフーは〈タウム〉が打ち負かしますす」というキャッチコピーとともに、次のような宣伝文句が並んでいた。

われわれの国土が半島ではなく大陸である事実を教えてくださった方。一六〇〇年前にすでに世界化を自ら実践された方。「タウム」はヤフーを実力で打ち負かして、大王様の誇るべき子孫となりましょう。

「タウム」の背後には、二五〇〇万の大軍が控えております。わが国のネティズン〔ネットとシティズンの合成語〕のうち、およそ半分が「タウム」の会員でありまして……

　この広告からは、「われわれの国土が半島ではなく大陸である事実」を限りなく誇りとする心情がうかがえる。金辰明《キムジンミョン》的な一部の民族主義者の発想と変わりはないが、大陸への憧れと幻想を抱くことにどんな問題があるかということは、これまですでに見たとおりである。この広告でさらに問題なのは、「一六〇〇年前にすでに世界化を自ら実践された方」という言葉に表れているように、征伐という名の侵略を世界化と見なしていることである。このような論理では、たとえ日本の教科書が「侵略」を「進出」と表現したとしても、それを事実を隠蔽するものとか美化するものなどと言って批判することはできないことになる。

　教科書の話が出たついでに付け加えるならば、八〇年代半ばまでの教科書問題は、必ずしも韓国で考えられていたようなものではなかった。このときも、韓国と日本との間にはとかくつきまといがちな誤解がないではなかったのである。たとえば日本の教科書が、事実関係の歪曲一辺倒ではなく「加害者としての歴史が記録されていた」（李俊浩『富士山と大蔵省』二〇一～二〇三頁、ソウル・景雲、一九九七年）ということ、あるいは日本の教科書のなかにも「（アジアを）どうして侵略したのか、相手国にどんな被害を与えたのかを整理してみよう」という課題が収録されているなど、事実を直視し反省する意識が表現されている教科書もあるという指摘（池明観『桜の花は散るのが早い』二四八頁、ソウル・東亜日報社、一九九三年）がすでにあったが、そうしたことは依然として韓国で一般的な常識にはならなかった。

教科書を問題にするなら、以前の教科書よりもむしろ、九〇年代半ば以後のナショナリズムを土台とした新しい歴史教科書をつくろうという運動に連動した、過去を合理化する自画自賛的な教科書のほうでなくてはならないだろう。そして言うまでもなく、それらの自画自賛もしくは歪曲は、韓国とも無関係ではない。

再び『朝鮮日報』紙の広告に戻れば、「ヤフーを実力で打ち負かすこと」自体が問題なのではない。しかし、「二五〇万の大軍」への称賛には、軍国主義を無意識のうちに肯定する心理が透けて見える。「タウム」がしっかりと仕事をするのは結構な話だが、こうしたナショナリズムは排他性と反目につながるところに問題がある。

かつて公開された浅田次郎原作の日本映画『鉄道員《ぽっぽや》』は、仕事（公的な部分）が家族（プライベートな部分）よりも重要視された過ぎ去った時代のある悲しい物語である。近代は、国家や社会のために個人が犠牲になることを当然視するイデオロギーが広がった時代であったし、閉鎖的な運命に閉じ込められていた地方の幹線鉄道の駅長もまた、その運命から自由ではありえなかった。そうした視点から見るならば、その「鉄道員」を批判的に捉えることはたやすい。韓国のある新聞などはこの主人公を国家に忠義を尽くすことを一義とした日本の軍国主義に結びつけていたが、国家主義をただちに軍国主義と同一視している問題点はあるものの、そうした意味では必ずしも的外れの分析でもない。

とはいえ問題は、このような批判をする場合、じつは韓国もまたそうした問題から自由ではないことをすっかり忘れてしまっていて、さらに読者が忘れてしまうような巧妙なレトリックが用いられることにある。これまでにも十分に見てきたように。

ナショナリズムは、他国の侵略から自国を守ろうと思うとき、あるいは国力を伸ばさなければならないとき、求心点をつくってくれるということで意味があると思われてきた。しかしナショナリズムは、自分自身に対しては寛大でも、他者に対してまで寛大であることはない。いわば、自分が力を蓄えることは当然のように見なしながら、他者が力をつけることは容認しないのである。繰り返しになるが、自国の製品を海外に売りつけることは勧奨されても、他国の製品は入ってこないように仕向ける言葉が喜ばれる。ナショナリズムは、そうした事実に対して目をつぶらせてしまう。

時には不当な状況に抵抗できるような力にもなるが、ナショナリズムはとどのつまり、自国の利益を保護するという誰もが肯定する理念のもと、実際には保護の次元を超えて増大させることに没頭させてしまう。侵略者としての広開土大王は見せることなく、征服者としての顔ばかりを見せて熱狂させるのも、こうしたナショナリズムだ。

民族主義が守るもの

一九九〇年代の初めに火がついたウルグアイ・ラウンドに対する反対も、ナショナリズムの熱風を蘇らせたものの一つである。それは、米の輸入自由化に反対する農民たちを保護しようという発想であった。しかし、韓国は農本国家だという意識からのものだったので心情的な同意を得やすかったが、前にも言及したように、グローバリゼーションの時代に農民や漁民ばかりが保護されなければならないという考え方は説得力を欠く。以前とは違って、農民や漁民よりもずっと劣悪な生活条件のもとで暮らしている都市の労働者たちも、私たちの前には存在するのである。

漁業や農業は土地または領土と直結するもので、それだけに守られなければならないという考え方があるが、それこそ国家主義の本質を物語ってくれるものである。共同体というものは、当然のことながら自分たちが暮らしを営む領土を必要とし、その領土の必要性はおおむね昔からそこに住んでいたという意識を基盤として強調される。いわば土地——むろん領海としての海も——と関連する議論こそは国民感情を敏感なものにし、国家主義と民族主義とを正当化しやすい。独島〔竹島〕に対する情熱も、そうした文脈から理解すべきである。

ところが、その一方で、自分の土地で穢れたもののほうが身体によいという意味の

「身土不二」を叫びながら、他方ではカナダに棲息している熊の胆や若鹿の角から採った鹿茸〔どちらも漢方薬の強壮剤として珍重されている〕を服んでいるのだから、矛盾もはなはだしいではないか。韓国の花や野菜が輸出されていることは誇らしげに報道しながら、中国産の野菜は農薬まみれであるかのように報道され、密かな不買運動が繰り広げられることは不公平ではないか？　韓国の野菜は農薬の洗礼を免れているだろうか。

また一方で、機械がつくり出す商品に対しては比較的寛大である。そして、それが洋酒や宝石やゴルフのクラブなどといった高級な商品であればあるほど、その寛大さも増していく。その裏側で弱体化するかもしれない機械産業が、関心の範囲内に入ってくることはない。保護を口にするならば、漁民や農民たちばかりでなく工業労働者もその対象に加えるべきだろう。

自国の商品を売りたければ、当然のごとく他国に対してやみくもに排他的になるべきではない。同様に、海外に住んでいるわが同胞たちがその地で温かく処遇されることを願うならば、すべての外国人に対して心を開かねばならない。多くの人は、外国に名を知られた音楽家やスポーツ選手を誇らしく思っている。しかし彼らが外国へ出て活躍することができたのは、外国人としての彼らを韓国人としてよりも個人として、もしくは地球村の一員として温かく迎え入れて育ててくれた、その国の土壌があったからにほかならない。

韓国の人は在日同胞が日本の社会で差別されていることを、その実情をよく知りもしないで声を大にして非難するが、蓋《ふた》を開けてみれば、韓国に住んでいる外国人に適用される法律にしても日本の場合とさして変わらないばかりでなく、さらに悪い場合さえ少なくない。精神的な排斥や差別などはかえって、日本の社会よりもっとひどいこともある。東南アジアの人々に対する非人間的な扱いもさることながら、海外同胞である朝鮮族や高麗人たちからさえも恨みを買っている事実は、排斥意識がじつは日本人の場合よりもずっと深刻な状況にあることを物語っている。

海外同胞から恨みを買うようなことをさせているのは、ナショナリズムの土台となる純血主義と、自分たちより経済的に劣る階層を無視する拝金主義だ。純血主義は単一民族を強調するが、実際には世界の国々へ孤児を輸出している韓国が、他のどの国よりも先頭に立ってそれらの国々の純潔性を汚しているのではないか。混血の可能性を先頭に立って高めていながら、自分たちだけは純血主義を守り抜きたいとするのは矛盾でしかない。

世界は一つになりつつあり、そうしたなかで活躍している人のうち混血であるケースは少なくない。あるいは、少なくとも他国へ移住して成長したケースも多い。彼らがそれぞれの分野で成功している要因としていろいろなことが考えられるだろうが、自分の「血」にこだわらないでもいい分、他人の「血」にもこだわらないような環境が与えられていたことを無視することはできない。異なる他者を受け入れる能力こそ、異なる人たちと交じって暮らすよりほかはないこれからの世界では、何よりも必要となるだろう。

排他性の起源

ナショナリズムばかりでなく共同体を単位とするすべての「主義〔イデオロギー〕」は、原則的に排他的だ。共同体主義や家族主義などの「主義」は必然的に、その外側にいる人たちと内側を区別することで可能な概念であり、区別する瞬間がそのまま排除する瞬間にもなる。区別と排除がなければ、自己存在それ自体が脅かされることになるのだから。

ある単位の民族の概念が定められた瞬間、その共同体が定めた要素を満たすことができない人々は、その民族の成員と認められないことになる。排他性は、自分の存在を脅かすと見なされた他者の「侵犯」を意識するとき、生まれる。

韓国人が排他的だという自覚は、ＩＭＦの支援を受けるまではほとんどなかった。自分たちのことを、他人にも充分に気配りすることをわきまえている情の厚い民族だと思い込んでいたのである。しかし、韓国の人が古くからの美徳と心得てきた情とは、見知らぬ人たちに対してはほとんど発揮されない、閉鎖的な共同体内部のものでしかなかった。実際に、現代の韓国社会は地縁と血縁、そして学閥を中心に動いている。誰かとの関係＝ネットワークが、あらゆる空間で重要な要素として作用してもいる。そして、そうした社会的に要求されるネットワークの外側にいる人々には、むごたらしいまでの排他性が作動する。

見知らぬ人や相手を本能的に忌避する性向は、フランスの女性哲学者ジュリア・クリステヴァ〔ブルガリア生まれの言語学者・社会学者・精神分析家〕が語っているように、たしかに人間の本能であろう。とはいえ、韓国的な排他主義のレベルは、ついに外国人が最も住みにくいアジアの国の一つに数えられるくらい深刻な事態にまで達しているのである。

韓国の人たちはなぜ、よく知る人々にはありったけの真心を尽くして親近感を示しながら、見知らぬ人々に対しては無関心であるばかりでなく、時には敵対的ですらあるのだろうか。なぜ、排他意識を助長する三流の民族主義小説が繰り返し書かれ、熱狂する読者が絶えないのだろうか。

心の傷から回復するために

ナショナリズムは、警戒心を助長する。そうしなければ、国家＝民族の存続が保たれないと考えるからだ。

韓国人のそうした警戒心がとりわけ強くはたらく相手は、言うまでもなく日本である。一般の人々ばかりでなく、インテリ層も例外ではない。たとえば、韓日文学シンポジウムの際、韓国のある文芸評論家はシンポジウムを開催したことに関連して、「相手（韓国）の文学に影響を及ぼしたいとか、さらに相手国の翻訳出版市場に自国の文学作品を売り込みたいとか、肯定的に受け入れがたい意図が（日本の文学者たちに）まったくなかったとは言えないだろう」と疑念を呈していた。これなどは構造改革によってＩＭＦの支援を受けて以後、しばらくの間いかにもそれらしく流布した外国資本による陰謀説と近いところにある。

そうした排他性は、近代化――ひとまずそれを肯定的な価値を持つと見なすとして――への道に立ちふさがっている主犯でもある。ことさらに言うまでもないが、ヨーロッパという他者に対する排他意識こそが、韓国人と中国人をして近代化に目をつぶらせたものだった。そして、そのような姿勢が、今日の漢字の排斥にも見られるように、現在まで続いているのである。

さらに言えば、そのような政策を通して圧倒的な役割を果たしてきたのは、言うまでもなく強烈な自己意識と同一性幻想である。これは近代国家の列に連なるための条件でもあったが、それにこだわってきた結果、今や韓国はよその国から、排他的だと非難されている。

韓国はこれまで、自分のアイデンティティを確立してこれを保ち続けるために、あまりにも多くのエネルギーを費やしすぎた。もとよりそれは、近代以後の国家体制を整える作業に取り組まねばならなかった国なら、誰彼を問わず一度は味わわねばならなかったことであり、そうした意味でなら、それは近代国家＝成人になるための通過儀礼だったとも言えるだろう。しかし、近代国家を通り越して脱近代が語られ始めてかなりの月日が経つ二〇世紀末になってからも、韓国ではナショナリズムを必要としている。

他者、ことに日本をいつまでも侵略者と見なすような考え方は、行きすぎた警戒心の所産である。これまでにも見てきたような韓国の排他性の起源、すなわち根の深い警戒心は、度重なる外敵の侵略を体験した結果でもある。だとしたら、韓国人の意識のなかに最も深く刻み込まれている日本がその主たる対象となるのは当然の帰結とも言えるだろう。

とはいえ、もはや起源を見つめることができる地点にまで来ているのだから、言い換えるなら冷静に自己を分析することも可能な地点にまで来ているのだから、そろそろこの辺で、長年の心の傷を癒やすことに取りかかってもよいのではなかろうか。そうすることによって、日本とのコミュニケーションの道を妨げてきた記憶と経験から自由になってもよいのではないだろうか。

心の傷は、内面化して対象化できるようになったとき、つまり、自分の傷の根源を見つめ直して分析できるようになったとき、ようやくその治癒も可能になるものだ。根源にあるものを承知していながらいつまでもその治癒に取りかからなければ、韓国は相変わらず心の傷を露わにしなくては他者と対等な関係を結べないし、傷ついた心から解放されないままとどまるしかない。

日本に対していつまでも被害者としての自分をのみ主張することは、幼児の水準にとどまりたいと言っているのと同義である。そろそろ大人になりたいとは思わないのだろうか。日本の過去に腹を立てて非難するばかりではなく、加害者としての苦しみまで理解することができる大人になりたくはないだろうか。

先進国とは、場合によっては経済的・政治的な指標よりも国民の意識の成熟度によって測られる。そうした意味で、韓国がひたすら目指している先進国になるためにも、大人になろうとする意識が必要だ。

2　文学とナショナリズム

母国語を支える文学

独島〔竹島〕問題でひとしきり騒然としていた頃、韓国の文学者たちがその独島を訪れたというニュースが新聞に載ったことがある。一般的に文学とは一つの民族の精神を代表するものと見なされてきたから、民族同士の葛藤が表面化していた独島を文学者たちがわざわざ訪問したのは、当然のことくらいに受け取られたかもしれない。

文学は一方で制度に抵抗するアウトサイダー的なものとしても広く認識されているが、実際には母国語の美しさに従事しているという点で、どんな芸術よりも国家と近い存在だ。国語の教科書では文学者たちの文章が主に掲載され、子供たちは文学者たちの言葉を媒介に民族的感性を学んで国民化していく。文学が文学であるというだけで絶対的な価値が与えられた第一の理由は、まさしく文学が国家体制を維持する言語を支えるものだったからである。日本との対立構図のなかで文学者たちが独島を訪問したのは、彼ら自身はそれを意識していなかったはずだが、このような構造があるからだ。

「開かれている」と自他ともに認めている文学者たちが、何かというと排他的な行動を取るのもまさにそのせいである。母国語や、それを通して民族精神を守る主体は自分たちだという意識と無意識が、そうさせるのである。皮肉なことであるが、誰よりも民族を守らねばならない文学者たちがかつて親日に走り、先頭に立って日本語で作品を書き始めたことにもこうした背景がある。彼らはいわば、文学と政治の必然的な関係を身をもって証明してみせたわけである。

金芝河の「民族精神」回復運動

詩人・金芝河《キムジハ》が民族精神について声高に叫ぶようになったのも、このことと無関係ではない。学校に安置されていた檀君像の首が切り落とされた事件に刺激されたと見える彼は、突然そのことを指摘して「韓国に押し寄せてきたIMFは、経済的な危機ばかりでなく〈精神的な恐慌〉と認識されなくてはならない」と主張したうえで、「上古史」に対する認識を正しいものに改めるよう主張した。檀君像の破壊が「民族解体の兆《きざし》が濃厚」に表現された現象だとして、「生命体には〈求心点〉がなくてはならない」と主張したのである。彼が求心点と表現しているものは、「精気」と「卓越した文化」（『朝鮮日報』一九九九年七月一二日付）だそうだ。それにしても、求心点という言葉を用いていることさえ除くならば、韓国を代表するこの詩人の発言もまた大衆作家・金辰明《キムジンミヨン》の論理となんと似ていることか。

金芝河が「民族精神回復市民運動連合」の代表であるところを見ると、名実ともに彼が現代のナショナリズムを代表する一人であることは明瞭である。このような人物が日本にいれば、間違いなく右翼分子とか国粋主義者の烙印を押されるはずだが、韓国では誰も彼をそのようには考えていない。

「危機の時代にわれわれの主体性を確立し、その土台の上にわれわれのビジョンを引き寄せるために、上古史に対する正しい教育が急がれる」と、金芝河は語っている。彼が言う「主体」とはほかならぬ民族精神のはずだが、そもそも彼の言う民族精神とは何だろうか。

それよりもまず、彼が唱える民族精神回復運動とはどんなものかを見ることにしよう。

彼はこの運動の一環として「歪められた上古史教育を即刻中止させるための市民公聴会」を開いて政府に抗議し、要求事項を発表した。その内容は次のようなものだった。

○開天節〔一〇月三日の建国記念日〕を国民の大祝祭の日と定めて宣布し、施行する。
○檀紀〔檀君紀元〕年号の復活。
○海外の同胞に対する上古史を中心とする民族教育の改革。
○教育部〔日本の文部科学省〕内に上古史を正すための特別委員会を設置する。
○文化観光部〔日本の文化庁にあたる〕が上古史を正す文化行事を催す。

金泳三政権の歴史を正す作業は、近代史を正すことを目的としていた。そのためにこの政権は莫大な費用をかけ、労働力をつぎ込んで鉄杭を引き抜き、旧朝鮮総督府の庁舎を取り壊した。ところが、金芝河は「上古史」を正さなくてはならないと言う。その具体的な方法として、檀君を崇拝しようとするのである。そうすれば、民族精神なるものが回復するという主張である。

それにしても、金辰明もまた関心を示していた檀君とはそもそも何者だろうか。

韓国では、檀君とは韓国を建国した開祖神と教えられる。そして、その檀君の血を受け継ぐ韓国人全員が同じ血でつながっている、先祖を同じくする子孫だというのが、話の骨子だ。

ここで強調されているのは、言うまでもなく単一民族という思想である。そして、こうした思想が強調されるのは、もとより民族精神を鼓吹するためであり、それは国家としての体制を整えるためだ。金芝河が主張しているように、檀君を強調するのはいわば求心点をつくるためなのである。

では、その求心点とは何か。今や現代世界の思潮は、この求心点なるものを強調することの弊害、すなわち中心思想なるものがつくり上げてきた弊害を確認しているところである。中心主義は周縁部を疎外し排斥して、ついには取り除こうとする。にもかかわらず、それを見えなくさせてきたのが、ほかならぬルーツ〔始祖〕思想であり、単一民族という幻想であり、共同体中心主義であったというのが、現代思想の重要な結論でもある。こうした時期に、金芝河が今さらのごとくルーツを強調してはばからないのは、現代の思想に関心を寄せる暇がなかったか、または、日本の作家・三島由紀夫が天皇という求心点がなければ国を持ちこたえることができないと考えたのと同様の思いを抱いたかの、どちらかであろう。三島由紀夫が求心点の復活を叫んで自殺してから三〇年、世紀末の韓国で世界的な思潮に逆行するようなアナクロニズム的な言説が横行しているのも、日本のケースを踏襲したということだろうか。

民族の「固有性」について

そもそも檀君を中心とする「固有」の単一民族思想は、はたして成立しうるのだだろうか。

単一民族思想とは説明するならば、こういうことになるだろう。——太古に一人の人間がいた。その人間に子が生まれた。その子がまた子を生んだ。ある地域で、外部から別の不純な血が入り込まないまま数百年、数千年間もこうしたことが続いたと想像して、人々は純血ということを思い描き、それに伴う固有幻想を抱くことになる……。

それにしても、まず太古の人間が純粋であったと、どのようにして証明されたのだろう。神が自ら土をこねて太古の人間をつくり上げ——これこそが檀君神話であるが——地上に遣わしたとでも仮定しないかぎり、その人間の純粋さを証明することは難しい。一人の始原の人間を想像するというのも無理なことではあるが——彼らはすでにグループ、つまり共同体を形成していたはずで、彼ら全員が一つの血族だという証拠はない——、たとえそうだとしても、何千年もの歴史の流れのなかでたった一人の人間の血がその純粋性を守り抜くことはできない。

しばしば話題にされているように、韓国は数え切れぬくらい外部の侵略を受けてきた。戦争というものは必然的に、侵略された国の女性を強姦する——時には愛があったかもしれないが——という方法で、征服者であることの証明を自分と相手方の男たちに誇示するものだ（長谷川博子「儀式としての性暴力」、小森陽一・高橋哲哉編『ナシヨナル・ヒストリーを超えて』所収、東京大学出版会、一九九八年)。中国系民族との混血は王族レベルで公然と行なわれていたし、豊臣秀吉の侵略と明治維新後の二度にわたる大がかりな日本人の侵略があったにもかかわらず、韓国人の純血は守り通せたと想像することにも無理がある。

ましてや神話によるならば、韓国人は熊の子孫ではなかったか? 最初から人間であることすら疑わしいありさまなのである。『檀君はわれわれの祖先だろうか』の著者もすでに指摘しているが、檀君が実在の人物かどうかにかかわらず、現在、韓国に住んでいる人たちが、檀君という一人の人物を祖先とする単一民族ではありえないことは、あまりにも明瞭な事実である。古代韓国の支配層が古代日本という国を築いたという発想が可能なら、古代中国の支配層が古代韓国の土着民を征服して国を築いたと考えることもまたできるだろう。単一民族であることが主張される一方で、中国人が始祖だったという族譜〔一族の系図〕のたぐいが堂々と存在するというのは、皮肉以外の何ものでもない。おそらくこれらの族譜は、中国人とつながりがあることが家門にとって名誉と思われた時代につくられたものだったはずだ。

にもかかわらず単一民族であることが強調されるのは、そう信じることが求心点づくりに結びつくからである。前にも言及したように、文字どおりの純粋な固有性などありえない。

たとえば、西暦ではない檀紀へ暦を後戻りさせようと要求するのは、キリスト教の慣習が定めたカレンダーなどに世界中が従うことはないという考えによるものだろうが、西欧を中心とする文明を拒絶するには、すでに西欧はあまりにも深く私たちの内部へ入り込んでしまっている。のみならず、私たちの内部に腰を据えているものをいつまでも他人のものと見なして拒絶しようと考えること自体が、ナショナリズム思想のなせる業なのである。

このような考え方にいつまでもしがみつきたければ、今持っている文化的な財産のほとんどを放棄しなくてはならないだろう。衣服から西欧の音楽、美術、学問、さまざまな制度など……。いちいち列挙することなどできないくらい、現代韓国人の生活を支えているものの多くは、西欧の文化であったり日本の文化であったりする。日本でさえも天皇制に基づく年号がグローバリズムの動きに反するという国内からの批判があるこの時代に、新たに固有のカレンダーを共存させることで生じる煩雑さを選択する理由はどこにもない。

そうした煩雑さを知らぬはずがないのに檀紀に戻そうと主張するのは、五〇〇〇年と言われる韓国の歴史を強調するためであろう。だが、そもそも歴史が長いということにどんな意味があるのだろう。前述したように、歴史が長いことがそのまま権威につながるわけではない。本物の権威とは長さによってもたらされるのではなく、内容によってつくられるものだからだ。いわば、その主体が創出する価値によって決まるのである。それがどれだけ長続きしてきたかではなくて、現在どの程度の価値があるかによって、権威づけされるのである。思い込みで与えた権威などまるで通用しないか、せいぜい限られた範囲でしか通用しない。

檀君神話を考える

檀君という人物は、あるいは存在したのかもしれない。だが、檀君が歴史であるよりも神話でしかないのは、何よりも檀君にまつわる伝承が一五〇〇年間の統治を強調したうえ、一九〇八歳まで生きたという寿命の長さを誇っているからである。一人の人物に普通の人間の能力を超越した要素が加味された瞬間こそ、その人物にまつわる事柄が文字どおり神話化するときである。そして神話は、神話として存在するために致し方なく誇張という修飾の過程をたどることになる。しかし、その対象の神話化それ自体に目的があるのではない。祖先に関する神話の場合、凡人をはるかに超えた超越性が、ほかでもない子孫の存在意義と必然性、すなわち選民性を裏書きする。

檀君神話は、高麗時代の高僧であった一然〔一二〇六～八九。高麗第二五代忠烈王の時代の高僧。禅学に通暁して国尊＝国師＝王師として崇められた。漢籍では『語録』『三国遺事』ほか多くの著書を残した〕によってつくられたと言われている。どうやら一〇世紀の蒙古軍が高麗に攻め込んできた頃に書かれた可能性が高い。外敵からの脅威があったり、新しい王朝＝統治者が登場したとき、彼らが何よりもまず必要とするのは、自分自身の正統性である。いわば、自らのアイデンティティに対する確信に裏づけられた求心点をつくる作業が始まるわけである。

そして、その正統性を裏づけるためにさまざまな手段と道具が利用される。その一つが神話づくりである。日本の神話『古事記』も、新しい王朝が自らの正統性を主張するために編んだものである。もとより当時は誰一人として、それが自らの正統性を主張するためのものだとは考えもしなかっただろうが。

人々はそれがつくられたものであることを、いつの間にか忘れてしまう。そして、自らのアイデンティティを確認することで自分の存在を正当化しながら、自分を安心させる。

元来こうしたことは、よいとか悪いとか言うべき事柄ではない。せいぜい、人間とはそうしたものだというほかはない。ひとたび危機に直面すると、大は国家から小はおびただしい地域共同体や家族までが、おのおのの起源に関する神話をつくり出す。檀君神話もまた、そうした過程を経てつくり出されてきた神話の一つにすぎない。

とはいえ、そうした事実を知ることが、中心を破壊し、解体し、やがては粉々にしてしまい、国家としての力を弱体化させるだろうと怖れる必要はない。神話がつくり出されるメカニズムを知ることはかえって、理由が判然としないまま縛られてきた硬直した中心思想から解き放ってくれるのである。さらに言えば、共同体がどのような形で存在すれば、誰もが安らぎ、自由になり、他者を敵視しなくても維持していけるかを教えてくれるだろう。また、民族もしくは宗教など、共同体の名のもとに行なわれるあらゆる戦争や殺傷行為がいかにナンセンスであるかも教えてくれる場合もあるだろう。そしてそれこそが、この世界が民族紛争や宗教紛争などを超えて平和へと向かう道でもある。

どこの小学校であれ、やたらに大きい檀君の像を立てておきさえすれば韓国精神が育まれるだろうなどと考えるのはあまりにも単純すぎる発想だが、逆に、だからといってすでに立っている檀君像の首を切り落とすなどして取り壊してしまうのも寒々しいことと言わざるをえない。

はっきりしているのは、もはや檀君は韓国の人々の心のなかに生きていないということである。ソウル・社《サ》稷洞《ジクドン》にある檀君の祠堂はお粗末で寂れている。しかし、檀君が神話であろうと歴史であろうと、イデオロギー的なものでなければ、時にはその像を仰ぎ見て心の安らぎを得ることができる人がいるなら、それはそれで悪いことではない。問題は、そうした心情は人為的に強制したからといって生まれるものではないということである。

檀君を基盤とした民族精神の復活は、いわばアナクロニズムである。ことさらに檀君を担ぎ出さなくても、韓国はすでに充分に民族主義的である。韓国にとって今必要なのは、イデオロギーではない何らかの「情感」の回復であり、それを土台とした無理強いされない共同体への「愛」である。ナショナリズムと愛国心ははびこっているが、本当のある種の交感、すべての人々が互いに喜び合えるような精神などというものは存在しない。檀君や精神を強調したからといってそういうものがつくり出されるものではないのである。

3　アイデンティティとは何か

民族意識の起源とアイデンティティ

民族意識というものは、つくられるものである。たいていの場合、近代が始まって近代国家の必要性が生じるに伴い、求心点としての民族意識が新聞などの媒体を通して流布される（ベネディクト・アンダーソン著『想像の共同体』リブロポート、一九八七年）。近代以前に人々は、近代的な意味での国家または民族などの概念を持っていなかった。多くの人はどこまでが自分が属している共同体の境界線なのか知らなかったし、君主でさえも支配する領域の実体をはっきり認識していたわけではなかった。

近代へと体制が改編されるにつれて、急激に変わり始めた情勢のもとで経済的な利益を追求するために他国支配への欲望が生まれ、またそれに対抗して自国を守ることも必要になってきた。そしてそのためには、なるべく大きな力を持った共同体であることが望ましかった。

他国を相手に戦争するために必要なのは、言うまでもなく軍隊である。国家の名において成年に達した男たちを動員するためには、国家のためには死をもいとわぬと思わせる大義名分がなければならなかった。かつての大義名分は君主に対する忠誠心であったが、現代の新しい近代国家にはそのような君主が存在しなくなった。人々がお国のために命を捧げる気になったのは、とりもなおさずそのことが自分の家族を、そして血を分けた民族を守ることだと考えたからである。国が危機にさらされたとき民族の概念が強調されるのは、まさにそのためだ。民族の概念が成立するためには、純粋と固有へのこだわりと幻想がなければならない。多くの近代国家が、あるいは現在、近代国家を目指して背伸びをしている多くの小さな共同体群が、単一民族であることを強調するゆえんもそこにある。

ナショナリズム批判に対して開かれたナショナリズムが主張されることもあるが、開かれたナショナリズムなど根源的に存在しない。民族を実体化すること自体が、他者と自分自身を区別しようとする欲望の表れであり、そうした差異の発見は構造的に差別と排除につながるからである。民族意識は国家を保つうえで必須のものと思われてきたが、一方で民族主義は暴力と戦争を正当化する。

たとえば、日本文化を開放したら韓国が日本化すると憂慮した考え方の根底には、守らねばならない何らかの固有のものが存在しているという思いがある。しかし、守り通さねばならないと想像される固有のアイデンティティとは、はたしてどういうものだろうか。

純粋な意味での固有とは、民族的なレベルで言うなら民族同士の混血や交流がまだ始まっていない太古の時代、個人のレベルでなら生まれたてで周囲の文化をまだ吸収できない頃であれば可能だった、ある種の状態のことである。しかし、生まれてきて間もなくお世話になる粉ミルクは、固有のものだろうか。成長しながら見聞きしてきた多くのものは、西欧の音楽であったり西欧的な風景であったりすることのほうが多い。絵本やビデオがその国固有のものだけということもありえない。

さらに言えば、ディズニーの漫画が必ずしもアメリカ的な感性を植えつけるわけではない。日本のコミックも必ずしも日本的なアイデンティティを確立させたとは言い切れない。外国の文物に心を奪われて外国のものを採り入れるという意味では、誰もが生まれながらにして固有のアイデンティティなど壊れた状態にあるが、それでも教育や文化を通して自国のものの考え方や味覚に慣らされ、そうしたものに心の安らぎを感じる一個体と「なる」。そこにあるのは、あくまでも韓国的な韓国人でしかないことになるのである。と同時に、アメリカ人とも日本人とも共有できる同時代的な共感を心のうちに抱くようになるのも確かだ。

ほとんどの地球村の人々は、外国文化を好んでも自国の文化を忘れない程度に、そうした外国文化への警戒心をも育てられる。しかし、アイデンティティというものは本来、必ずしもそうした純粋性が守られるものではなく、したがって警戒心そのものがナンセンスという場合も少なくない。

個人として生きる

しかしながらこれは、民族を忘れてしまおうとか、棄ててしまおうなどという話ではない。偏狭なイデオロギーに縛られた民族でさえなければ、すなわち民族主義に囚われない民族であれば、それはこの地球上で他の民族との共存を受け入れ、他との違いを愉しむことのできる基盤となる。地球が愉しい場所なのは、自分と異なる多くの人種と民族が存在するからではないか？　異なる文化や異なる食べ物、異なる風景などは、私たちを別世界へと誘惑し、別世界に接することを通して私たちは自分の文化遺産を肯定的にも否定的にも振り返ることができる。

民族という観念に縛られることなく、思いのままにそれぞれが美しいあり方を身につけているとき、意識しなくても「固有の精神」、すなわち誰もが願ってやまない「民族の精気」があふれ出ることだろう。仮に民族が必要だとしても、各人が愉しむことのできるものとしての民族、ひいては権利よりも義務の主体としての民族であるなら、問題はない。キムチや焼き肉を愉しみながらも、世界一おいしい食べ物だなどと特別扱いしたりせず、韓国の風景の美しさを愛でても、これまた世界最高だなどと思い上がらないことである。韓国文化を愛しているとしても、それが他国の文化より優れているかどうかなどと比較したり確かめたりしたい欲望を捨て去ることである。優秀さを確かめようとすることは必然的に、その対象を特別の目で見ようとする欲望を駆り立てる。しかしそれは最終的に、他の民族を世の中に必要でない存在と見なすような悲劇を生み出すことにもなる。

民族でありながらも個人として存在するということは、民族を捨て去るとか民族を意識しないなどということではなく、民族の一人でありながら必要なとき民族的な感性から自由であろうとするありようを言う。そうなることによって人は、政治的ではなく倫理的に、必要なとき「民族になる」ことができる。

人はじつは日常のなかでは、韓国人や日本人などの民族の一員であるより先に、学生であり、勤め人であり、妻であり、父である。つまり、民族的アイデンティティだけが人のアイデンティティなのではない。民族的なアイデンティティが強調されるのはつねに、国家がそのことを必要とするときである。

韓国はすでに、地域感情と呼ばれている地域間の対立感情、韓国内部の他者の問題を早くから抱えている。これも言ってみれば、差異に耐えることができない人間の本能に基づくものだが、差異に耐えることができないというのは、大人になっていないということでもある。世界を知らない幼児は、見ず知らずの人を拒むものだ。

政治的な問題を離れても、日本人には韓国人の気質は扱いにくく、韓国人には日本人の気質は理解しにくい。人間関係においてあまり距離を置かない韓国人の気性は日本人には手に余るものだし、距離を置く日本人の気性が韓国人の目には薄情と映る。つまり日韓の間には、性格の違いが存在する。夫婦の関係であったら、性格の不一致に耐えられずに離婚することもありうるだろう。

しかし、生真面目な性格の相手に対して人間味に欠けると言って全否定したり、おおらかな性格の相手をルーズでだらしがないと拒絶してしまうのは、もったいないことだ。軽蔑よりは理解のほうが、少なくともそこには尊重と友好の感情があるという意味で、美しい。

愛国心とは何か

韓国人の中には抽象的な愛国心を抱いている人は多いが、実際のところ具体的な愛情を持っている人々はあまりいない。あるアンケート調査は、韓国の青少年のうち七〇%が移民を希望しているという衝撃的な結果を報告したこともある。

にもかかわらず、韓国人は愛国心が強いことで知られている。たとえその愛国心が、抽象的なものでしかないとしてもである。

愛国心は、どのようにして教え込まれるのだろうか。それは、誇り高い歴史と麗しい国土を認識させることから始まる。あらゆる国の国民は自分たちの国家をいつまでも維持させるために、意識的もしくは無意識のうちに——ほとんどの場合は無意識のうちにであるが——国家を愛することができる条件を付与されて、学ぶことになる。その過程で四季折々の美しさや、地球上のどこよりも美しいなどといった言葉を耳にしながら成長するようになるのである。もとより、そうしたすべてのことが嘘だと言っているのではない。ただ、そうした事実を発見するために、少なからぬ無理なプロセスを経なければならない。すでに見たように、ソウル大学教授が国土の美しさを称賛してやまなかったことなどは、そのほんの一例である。

要するに、国土の麗しさに対する愛情が政治的に利用されるわけである。しかし四季がなくても、砂漠は砂漠なりに、草原は草原なりに、北極は北極なりに美しいではないか。

人は民族主義的な教育を経てようやく、国民として生まれ変わる。実際にはこれといった意識もなしに生まれてきた個人をして、「民族中興の歴史的な使命を帯びてこの国に生まれ落ちた」(一九六八年に公布され、全国民が覚えることを強制された国民教育憲章の冒頭の言葉)ものと考えるように、教育されるのである。韓国には日本の右傾化を憂慮する声が高いが、それが保守主義や国粋主義へ流れていくという意味ならば、韓国のほうこそ民族解放の日からこのかた、ひたすら右傾化への道をたどってきたと言える。

学校では国家を尊重することが教えられ、「国民」として生きることに慣らされていく。今でこそ初等学校と改称されたが、それまでの国民学校という命名は文字どおりそのための場所でもあった。日本が、国民学校という呼び名〈国民学校令によって一九四一年三月から四七年三月までこう呼ばれた〉を、敗戦後、戦前の「小学校」に戻したのはまさしく、国民として生きるように慣らされたあげく侵略戦争をしてしまったことを反省した結果である。以後五〇余年に及ぶ小学校教育の結果、今や日本人の国家意識も民族意識も、太平洋戦争前と比べたら韓国の想像を超えるほど稀薄になってきている。

韓国では数年前に初等学校と改められたが、国民化教育は依然として生きている。そうした意味では、国民学校という呼称はむしろ韓国のほうの国家意識にこそふさわしい呼び名であったかもしれない。教育を受ける国民として自覚することは「国民情緒」という言葉を神聖化させ、ひいては価値観と情緒の画一化を自らに要求する。そしてこのような国民の情緒は、有無を言わせぬ愛国心を強要する。

しかし本当の愛国心を高めるには、じつは、誰もがそこで暮らしたいと願う国になりさえすればよい。民族意識を高めようと声を張り上げなくても、ことさら愛国を唱えなくても、誰もがそこで暮らしたいと思うような国になったとき、誰もが互いに心の安らぎを感じるようになったとき、自然にその地に対する愛情は芽生える。そのような愛国心は、そもそも他者を排除したりするものではないはずだ。

4　歴史とは何か

美化される歴史

一九九〇年代の前半から半ばにかけての代表的なスローガンであった「歴史を正す」という言葉における歴史とは、民族の精気が発現されたときの歴史のことだった。しかし、人間が完璧な存在ではありえないのと同じく、そうした人間がつくり出した歴史もやはり、美しいことばかりでないことは言うまでもない。しかし、二〇世紀の世界史が実際のところ血と暴力によって塗られてきたことをよく承知していても、多くの人は自国の歴史もまたその一部であったことを受け入れようとはしない。自分の歴史や過去を愛することが大前提となる教育を受けてきたからであり、そのためには自国の歴史も誇りとするに足る歴史でなければならないからである。歴史について語るとき、美化したい誘惑に駆られるゆえんは、ここにある。

つい先頃まで、歴史とはその民族にとって肯定的な事実ばかりを並べ立てたもののことだった。国を問わず、いささかなりとも美化されたストーリーが「歴史」として語り継がれるのである。

日本でいわゆる歴史教科書をめぐる新しい動きがあるのも、そうした文脈から理解することができる。歴史の中には、抹殺してしまいたい歴史や美しくない歴史、自分たちの祖先がそんなことをしたのだと子供に教えることなどとてもできないような部分も厳然としてある。九〇年代以後、いわゆる良心的知識人たちの自己反省が「自虐史観」として一蹴され、『新しい歴史教科書』という「美しい歴史」の教科書が出版されたのも、いわば誇りを感じることのできる歴史を教えたかったからだ。近隣諸国を侵略し、たくさんの人々を殺傷してきたような歴史にも誇りを感じさせるためには、それらの国々のためになったこともあると言いたくもなるだろう。韓国がナショナリズムを基盤とする自国の再建に力を注いでいるとき、日本は数十年もの間、自国と民族にどちらかというと関心の薄い日々を過ごしてきた。その結果、それを憂慮する憂国派の人々が登場してきたのである。

そうしたことは日本人だけのことだろうか。日本の一部の人々が、自分たちの父親や祖父たちが近隣諸国を侵略したとは言えずに、侵略という言葉を使いたがらないのと同じく、韓国のほうも、自分たちに問題があったために日本から侵略されたとは、決して言わない。一九四五年八月一五日の民族解放の日から半世紀以上の年月が経つ今日まで、日本の植民地支配に対して「なぜ」そんなことをされたのかを省みるよりは、ただひたすら「どのような」仕打ちを受けたかということばかり強調されてきたのである。

歴史の過ちを正したい気持ち自体は、いいとしよう。しかし、どうしてそうした過ちが生じたのかは直視せずに、忌まわしい記憶をきれいさっぱり忘れられるような環境づくりができなかったのが問題だと考えたのが、二〇世紀末の韓国におけるいわゆる「歴史を正す運動」であった。一日も早く忘れよう、一日も早く忘れ去り――植民地支配されたことなどなかったかのように――美しく立派な歴史だけを記憶にとどめよう……というのが、歴史を正すための運動と言われたものであった。民族的な自尊心と民族的な精気という言葉が、あれほど叫ばれたのはそのためである。

箕子朝鮮の歴史と天皇の歴史

歴史を「正す」としてゆがめるのは、意識的であれ無意識のうちにであれ、いつの時代にも行なわれてきた。歴史叙述そのものが、人間が生きてきた一種の物語であるという意味で、フィクションの要素がないはずはなく、いつ誰によって書かれたかでその内容は変わってくる。

ほんの少し前まで、歴史というものは国王の歴史であり、統治者の歴史であった。中国の場合、国王は初め血統を通じてその正統性が認知されていたが、いつの間にか血統の外にいる人物が武力に訴えて国王の地位につくようになると、血統に代わる国王としての根拠が必要とされた。その折に血統に取って代わったのが「徳」であった。いわば、誰よりも知略に優れた賢人が国王の地位につくと見なされるようになったのである。賢人とは、宇宙の秩序を把握する存在であった。漢の武帝の時代には、孔子の慧眼こそ漢王朝の正統性を裏づけるものだという主張が現れ、それ以後、孔子は聖人視されるようになった。また、陰陽五行説は、国家の興亡を正当化するために後世になってつくり出されたもので、その当時の国王を合理化したものでもあった（『世界の歴史』中央公論社、一九九一）。いわば、中国の歴史はその時代の国王を正当化するためのものであったし、日本の歴史書にもそうした要素が認められる。

このような文脈から見ると、箕子《きし》朝鮮（朝鮮古代の王朝で、古朝鮮の一つ。伝説的色彩が強い。殷の紂王に疎まれた箕子は、その後に朝鮮北西部に封ぜられ、「八条の教訓」を制定した）と衛満《えいまん》（衛氏朝鮮は同じく古朝鮮の一つ。前一九〇頃〜前一〇八。燕王が漢に背いたとき燕人武将の衛満は朝鮮に亡命し勢力を伸ばした）の歴史は、おそらく古代中国との一体感が必要とされた頃に書かれ、問題なく受け入れられたものかもしれない。またこれらの王朝の存在は、この時代の朝鮮半島がことによると植民地だったのかもしれないという想像を可能にする。こんなことを言ったらたちまち、それこそは植民地史観だと非難する人たちがいるかもしれないが、たとえ植民地史観だとしても、それは韓国人が好んで言いたてるように百済の後裔が日本の天皇になったという説と構造的に変わるものではない。

箕子朝鮮説や衛満朝鮮説に否定的であろうとするのは、韓国が彼らの後裔などではなく純粋に韓民族であるという意識に基づく自尊心によるものだが、実は自分はひょっとしたら侵略者の後裔だったのかもしれないという想像力が必要だ。もっとも、被侵略者たちの後裔だったところで、そのことに大した意味があるわけではない。

歴史を学ぶことはひとえに、未来に備えるために過去を振り返ることでなければならない。大切なのは自尊心よりも、自分が属している領土でどんな出来事があったのかを知りたいと思う知的好奇心のほうである。自尊心が大切なら、過去によってではなく、自分の手で築き上げる今日と未来によってそれを満足させればよい。

理由を考えない教育

韓国が反日意識からなかなか脱け出せないのは、韓国の歴史の暗い部分は覆い隠したまま、日本人の蛮行ばかり強調する教育を受けてきたためだ。学生時代は国民学校から続く反日的な教科書と教師たちの授業を通して、卒業後は独立記念館の蠟人形で再現された身の毛もよだつような拷問の場面やそれよりもさらにリアルな無数の映画とドラマを通して。

民族解放の日から五〇余年におよぶ韓国の教育方針は、恨みを晴らしたいという悔しさが入り交じったものであった。その意味では、理性的というよりは多分に感情的な教育であった。教師たちは敵愾心を煽り立てる方法として事実を強調したにすぎず、なぜそうした事実があったのかについて考える時間ときっかけはほとんど与えられなかった。何世紀にもわたって文化を伝えてきたと教えられた日本が、なぜ、ある日、にわかに隣人を「弟」扱いするようになり支配するようになったのか、インドを侵略したイギリスと違ってなぜ言葉まで奪い去ろうとしたのか、その反面、韓国はなぜそんな形で支配されなければならなかったかについて考える教育は行なわれなかった。そのため民族解放の日から五〇余年の歳月が流れるまで、韓国の歴史意識は被害者意識が中心となっている状態にとどまっている。

日本との関わりにおいて、どんな被害をこうむったかを知ると同時に、なぜそうなったのかを普遍的な問題として考えてみる時間が必要だ。韓国と日本という個別の二国に特有の問題として扱い、天・人ともに赦すことのできない極悪の日本と善良で従順な韓国というイメージのみを助長すべきではない。人類にとって普遍的な問題としての帝国主義と資本主義の関係や、支配と差別の構造、民族主義の問題などと絡めながら、そのなかで韓日の特殊性を見出す教育が求められる。

一方で、日本との悲劇は忘れ去るか赦すことにしようとする人たちもいるが、それですべてが解決されるわけではない。過去の出来事に蓋をして目をつぶるべきではなく、日本の問題とものの考え方と行動がなぜ隣人を侵略し支配する形で現れたのかを問い返す、成熟した教育が必要だ。

これは、日本の場合もやはり変わらない。過去に隣人を侵略し支配した事実を教えるべきで、しかも、優越感にも自責の念にも囚われることなく親や祖父たちであっても対象にすることが日本にも求められる。このような教育を通して自分自身を振り返ることができた世代は、必要以上の被害者意識や優越や自責の念から自由になりうるだろうし、偏見のない目で自分と相手を見ることができるだろう。自分の特殊性と優位性ばかりを強調していると、いつまでもお互いを勝たなくてはならない競争相手としか見ないようになってしまう。

方法と目的には問題があったが、長い目で見るなら、韓国の二〇世紀はそれ以前とは違って日本から多くのものを受け入れた時期である。古代文化や言語がどのようにして日本へ渡来したかに関する研究は、言語や文化や技術などあらゆる分野で活発だが、近代以後どのようにして日本の技術——韓国が誇りにしてきた陶磁器の製造技術や印刷技術などもまた技術であり文化である——が受け入れられて吸収されてきたかを研究する人がいたとしても、不思議ではない。

文化というものは、与えることも受け入れることもできる。与えることができたことを優越感ならぬ喜びに、受け入れることができたことを劣等感ならぬ感謝すべきことと考えるなら、また、長い歴史のなかでその主体が互いに入れ替わることもありうるという事実を多少とも無責任に認めるならば、自然に解答は引き出せる。本当の自尊心は、劣等感を持たずに事実を認めることによって初めて得られる。

そうした意味で、教科書は書き改める必要がある。他者に対する記述様式も改め、自らを神話化することもほどほどにしておくべきだ。祖先が立派だったことにすがって、あるいは他者に対する敵愾心を媒介として、自分の国への誇りと愛を抱くのではなく、今ここにいる自分がどうなのかを見つめるなら愛国心も許されていいだろう。多くの人々が過ぎ去った日々に誇りを持つが、自分を美化したり自画自賛に陥ったりしてはならない。一般に、身内を自慢することは恥ずかしい行為と見なされてきた。ところが、それが民族という範囲にまで広がると、自慢することを恥ずかしいと思わなくなる。おかしなことではないか。

5　誇りとは何か

民族意識とハングル

歴史教育をめぐる問題でいつも強調されるのは、伝統の尊重だ。

一時期、漢字を併用したいという政府の方針をめぐって議論が絶えないときがあった。ハングルを守ろうという関係各団体の抗議は当然として、一部のマスコミまでが乗り出し——あるテレビ局は日本の大衆文化を開放する問題のときと同じく、番組の中で視聴者に対する電話とファックスによるアンケート調査を行ない、国民は反対していると伝えた——、政府に対して再考をうながした。これなどは、彼らマスコミ関係者——放送局の社長だろうか？　それともプロデューサーか、キャスターか？——が自分の意見が国民の意見を代弁していると考えた結果だった。たとえそれが国民の意見そのものだったとしても、多数意見がつねに正しいとはかぎらない。国民という名の共同体には、数の力を頼んで過ちを犯すケースのほうがむしろ多い。

ともあれ、街頭に立って漢字の併用に反対するお年寄りたちの姿を目のあたりにするのは、やりきれないことであった。もっとも、元来は男性や権力者階級と比べて知性の面で劣る（？）とされた婦女子や民草のためにつくられたハングルを保存しようと、お年寄りや男性たちが乗り出している二〇世紀末の韓国の世相を、ハングルの創始者である世宗大王〔一三九七～一四五〇。朝鮮王朝第四代王。一四二〇年に集賢殿を設けて学問を奨励し、「訓民正音」を創始した〕がご覧になったら、さぞかし訝《いぶか》しく思われながらも喜ばれたかもしれない。しかし、かつて漢字は男性たちだけが使用した権力の象徴であったのに、今やその漢字に代わってハングルが民族主義的な役割を背負わされ、独自に生き残らなければならず、そのためにはほかのすべてを排除してもかまわないと主張されているのだから、まことにもって皮肉なことと言わざるをえない。

朝鮮時代、それも第四代国王の時代という比較的早い時期にハングルはつくられたが、実際のところ当時はまだ普及しなかった。ハングルは女文字だったし、権力を持たない階級の文字であった。権力階級だった男性たちは相変わらず漢字を使用しており、ハングルが、漢字という難しい文字を習うには知力が足りないと見なされていた女性たちの専有物だったことは、すでに周知のとおりである。

そのハングルが本格的に使用され出したのは、いやそれ以前に、本格的に使用されねばならないと認識され始めたのは、近代以後のことである。そして、そのような認識が生まれた背景に、ほかならぬ日本の植民地支配があった。

先ほども言及したように、固有や伝統という観念が強まるのは、それが破壊されかねないと考える危機意識、たとえば他者による侵略や支配や侵犯などが発生したときである。近代以後にハングルを使おうという意識が生まれたのも、いわばそうした時代状況を反映した結果であった。日本に対抗して、自らの文化を守りたいという意識の表れだったのである。同時に、ハングル普及運動が繰り広げられた背景に、読み書きのできない人口を減らしたいという新聞各紙の「読者層拡大作戦」のごとき思惑もないではなかった（姜俊晩《カンジュンマン》『カメレオンとハイエナ』九五〜九六頁、人物と思想社・ソウル、一九九八年）。

一九四五年八月一五日の民族解放後に、ハングルを使用しようという主張が出てきたことについてもやはり同じことが言える。というのも、単にそれが必要だからというよりは、さまざまの理由で民族意識が高揚するしかなかった時期だからこその主張だったからである。

選ばれるべき伝統

「ハングル世代」（民族解放後の世代を指す。植民地時代に義務化されていた日本語教育からも解放されたことに由来する」という言葉は、自負心が入り混じったニュアンスで語られる。だが肝心なことは、ハングルを持っているということよりも、あるいは伝統文化よりも、昨日ではなく今日を生きている人々にとって何が役立つかということである。今ここにいる人々にとって何が必要かということこそが、大切だ。ましてや伝統を云々《うんぬん》するならば、ハングルよりも古くから使用されてきただけでなく、ハングルが誕生した朝鮮（李王朝）時代にも圧倒的多数の人々によって使用されていた漢字こそ、この時代の中心的な存在だったという意味で伝統になりうる。そうした意味でハングルだけを使用することにこだわるのは、伝統文化の尊重や民族遺産の保存などという考えに、かえって反することになる。金大中元大統領が過去の遺産から学ぶためにも漢字は必要だと語ったのは、その意味で全面的に正しい。

なるほど、ハングルもまた大切な遺産ではある。しかし、ただ単にそれが固有のものであり伝統文化だから使用しなければならないという主張だけでは、説得力に欠ける。ハングルを使用するなら、それを心地よく感じられるからでなくてはならない。ハングルだけの文章は、実際のところ読みやすいという長所がある。しかし、英語を学ぼうとする努力が世界を相手に意思の疎通を図るためならば、漢字を使用することはまずアジアとの意思の疎通を可能にしてくれる。日本人に次いで中国人の観光客が増えつつある現在、それは現実的に必要なことでもある。それとも、韓国へ来たのだから韓国語を知るべきと、気配りに欠ける言い分で、彼らを目に見えない形で排斥してしまうのだろうか。

英語をめぐる論争に結論が出ているのだから、ことさらに言うまでもないことだが、ハングルだけを使用しなければ自尊心が守られないと考えるのは、間違っている。大事なことはどの文字を使用するかではなくて、それを使用した結果がどうであるかだからだ。

韓国語をすべてハングルに変えてしまおうという主張が一部にあるが——彼らは韓国語を純粋な固有語だと錯覚している——、このような主張の問題点も伝統に対する考え方にある。伝統を継承するには、過去のものをともかくも現代に生き延びさせるべきとする考えがそうした主張を裏打ちしている。

伝統になるまで

一つの考え方が力を持つには、どのようなプロセスが必要だろうか。もちろん純粋に共感を得て伝播していくこともあるが、多くの場合は、その時期の権力集団の必要に応じて選択され、保護されることを通して一個の真理と見なされるようになる。そして、幾ばくかの時間を経て慣習として根を下ろし、ひと世代が過ぎると伝統と銘打って定着することになる。

端的に言うと、伝統というものはある時代にある空間に住みついている人々の一つの生活様式、ものの考え方でしかない。それが後世、あれこれの理由で——たいていの場合、民族主義などのイデオロギー強化を目的として——有無を言わせず崇拝し尊重することが要求される。

また、伝統はある時代の生活様式でしかないが、一般の人々のものではなく、権力階級の価値観を表すものであることが少なくない。いわゆる儒教の伝統もまたしかりである。儒教はいわば、その価値観が自分たちの権力を強化するのに役立つものであったため、男性を中心とした支配層によってその意義が強調されたと見ることができる。

にもかかわらず伝統は、その意義がどんなものか吟味されるより早く、根源的なものとして認められた。それが一つの生活様式にすぎなければ、伝統を愛する自由も拒絶する自由もあってしかるべきだろう。だが、実際には有無を言わせず愛することが強制される。たとえば西欧にも女性差別はあったが、それよりもむごい「七去之悪」〔儒教で妻との離婚が許される根拠とされた七つの条件〕という途方もない足かせまでが、疑念を持たれることもなく儒教の伝統の名のもとに、つい一〇〇年前まで守られてきた。しかも、今日の女性でさえいまだにこの足かせから完全に自由なわけではない。

もとより過去のものであっても、今の韓国人を美しく知的にしてくれるものならば、さらに今日の韓国人にも快適に感じられるものならば、守りかつ親しんでしかるべきだろう。意識的に守ろうとしなくても、その内容がみんなにいいものならば自然に受け継がれていくものである。それを心底から好み、愛する心によってである。そしてそのとき、それを伝統として誰に命じられることなく、韓国人は愛することができるようになるだろう。とはいえ、他方で韓国人をまた別のしがらみに縛りつけようとする価値観や習慣までが、伝統という名で尊重されることは問題だ。

伝統意識は、韓国人が考えているように昔から自然に存在したわけではなく、多くはつくられたものである。たとえば、伝統と理解されているイギリス王室の古風な儀式やタータンチェックのキルトスカート、バグパイプなどは、もとからあったものではなくて、人工的に創造されたものであった（エリック・ホブズボウム／テレンス・レンジャー編、前川啓治ほか訳『創られた伝統』紀伊國屋書店、一九九二年）。そうした伝統意識はほとんどの場合、民族意識とともにつくられる。いわば、民族主義が強化される必要があるとき伝統は強調されるのである。民族を形成し維持するためにこそ、伝統は必要だった。伝統なるものが、自己イメージ——自分たちの具体的な姿を想像すること——をつくり上げるのに好都合で、そのイメージこそが求心点をつくり、国家という共同体の存続を可能にしてくれるだろうからだった。そのため、伝統には絶えず意味づけと価値づけがなされる。

文化と伝統は記憶され継承されるものでもあるが、じつはこうした過程でつくられるものであり、他者によって発見され、名づけられるものでもある。近代日本の初めに民芸運動家・柳宗悦が朝鮮を見て名づけた「曲線美と哀傷美」もその一つである。そして歳月が流れ、そうした自分の姿に反発を覚えた人たちは、今度は逆に強くて進取の気性に富んだ自画像である韓国像を思い描いた。

しかし、曲線のか細い姿が虚構ならば、強くて進取の気性に富んだ姿というのもまた虚構でしかない。人間は必要に応じて、自分のイメージをつくり出すものなのである。

つくられる「文化」

伝統と文化は密接な関係にある。守られてきた文化を伝統と呼ぶこともできる。そうだとしたら、この一〇〇年間に、またはこの一〇年のあいだに、どんな文化をつくり出してきたかこそが考えられるべきだ。仕上げが粗かったり、使い始めるとじきに壊れてしまったりする少し前までの製品は、まぎれもなくその当時の韓国の文化のレベルを示すものだった。骨董品の精巧な装飾や使いやすくこしらえた祖先の技術や知恵を、韓国は文化として位置づけてきたはずだ。

三〇〇年前の文化だけが文化なのではない。一九九〇年代の韓国がつくり上げた製品のなかで、消費者が使いやすく見栄えのよい品々があったとしたら、それは九〇年代の新しい韓国文化として記録されてしかるべきなのである。仮に複製《コピー》だけが存在したとしたら、そこには文化など存在しなかったと言わねばならない。

外国の人々から注目されない商品は、文化として記録されない。ある製品が注目されて流行り始めるとたちまち類似品があふれ出し、最初の製品でさえ飽きられてしまうような文化は、文化とは言えない。

ある日本の幼稚園の卒園式で、卒業していく園児たちが後輩の園児たちにひたすら厳粛な面もちで引き継いだもののなかに、その幼稚園で飼っているニワトリとウサギの世話をする手順について詳しく書き記された中国の壁新聞ほどの大きさの紙があった。次の世代のためにそれまでの知恵を伝えること、それこそが価値の継承としての伝統の名に値するのかもしれない。

自尊心について

韓国的なナショナリズムが最も愛好している単語は、自尊心である。

その場合の自尊心とは、人前で堂々としていられることだったり、他国との競技に勝つなどという程度のことである。それと同時に、韓国に対する否定や批判に関わるあらゆることを受け入れないという意思表示でもある。

そして多くの場合、その自尊心が表出される相手は日本であった。そして彼らを相手に勝たねばならない分野は、過去の伝統であり、文化遺産であり、サッカーの競技であった。

それにしても、自尊心というものはそもそも、どこで見出されるものだろうか。個人の場合を考えてみると、それは自己意識であり、無視されるわけにはいかないという気概であり、文字どおり自分を尊重し、ひいては尊敬できるという気分である。何かというと韓国映画の自尊心だとか、韓国ミュージックの自尊心が守られたなどという言葉が聞かれるが、自尊心について語るとき何よりも大切なのは、世界市民として共有しうる価値観と行動様式を持つことだ。たとえば、外国からの批判を不当な価値観を押しつけられたととらえて反発すること、あべこべに補身湯《ポシンタン》〔強壮効果がある肉のスープのことで、しばしば犬肉のスープを指す〕を食べることが、自尊心を尊重することになるのではない。これまで見てきたように伝統の概念とはじつはつくられたものであることを考えるならば、伝統だからといってひたすら固守しなければならないとするのは滑稽なことでしかない。

慣習を伝統の名のもとに無条件で守ることだけが、自尊心を保つことになるわけではない。またそれをアイデンティティを守ることと錯覚してしまうのは、実際には私たちの否定的なアイデンティティを拡散させることにしかならない。補身湯を食べるにしても、少なくとも伝統の名などのもとに食するべきではない。

近頃では火葬に対するアレルギーもかなり薄れたようだが、朝鮮時代以前は火葬にすることが少なくなかったという。古くからの伝統と心得てきた土葬の風習が根を下ろしたのは、じつは朝鮮時代以後のことなのである。朝鮮時代の風習が伝統として記憶にとどめられたのは、言うまでもなくそれが最近のことであり、土葬に替わるまでのことが忘れ去られたからである。肝心なのは、伝統というものはこんな具合につくられたり忘れ去られたりすることを知ることである。

6　過去であり続ける日本

近い国同士というものは、昔から仲が悪いものと決まっている――これは前述の哲学者クリステヴァが言ったことだが、彼女の言葉を借りなくてもこの言葉の意味するところは、韓国と日本の関係を見るだけで納得できる。近隣国というものは何かにつけぶつかり合い、利害関係が絡み合うものだから、そうなるのは当然のことでもある。漁業や領土などの分野でいまだに未解決の問題が残されているのもそのためだが、韓国が日本の植民地になったのも、韓国と日本が隣り合っているせいである。隣人を支配した日本は、いわば人類に典型的な過ちを犯したことになる。

およそ一〇〇年前のあの時代は、先に目覚めた国が自国の、より正確にはそれぞれ個人の富の獲得を夢見て、帝国主義へと突っ走った時代でもあった。韓国であればそんな真似はしなかったという保証はない。韓国人は善良な民族だから、そんなことをするはずがないと考える人はいないだろう。むろん、だからといって日本がたどってきた道に対する批判が要らないと言っているのではない。

韓国人が最もよく知っている日本人は、ある調査によると豊臣秀吉である。言い換えるなら、韓国にとって豊臣秀吉こそ日本人の代表だ。そのことは、侵略された過去の被害者意識から生まれた日本＝侵略者という等式が韓国人の心には最も強烈に刻まれているという意味でもある。

それにしてもなぜ、ほんの一〇〇年前の韓国併合の主役だった伊藤博文ではなくて豊臣秀吉なのだろうか。それは、およそ四〇〇年前の歴史がいつも昨日のことのように韓国では記憶されているからである。ソウルの世宗路のど真ん中に巨大な李舜臣将軍の銅像が立っていて、つねに豊臣秀吉の朝鮮侵略を思い起こさせてくれるように、日本人にとっては遠い昔の歴史の一部分になってしまっているはずのことでも、韓国人は今も今日の出来事として覚えているということだ。何らかの出来事が持ち上がると、少なからぬ韓国人は、今日の出来事としてそれを見るよりもまず過去の出来事を思い浮かべる。つまり、過去が現在の韓国人を捕らえて離さないのである。

開かれた心を求めて

加害者の立場に立たされてしまった日本人は韓国よりも不幸だ、という見方をしてみてはどうだろう。そうすれば多少は心に余裕が生じるはずである。被害者としての経験はまぎれもなくトラウマであるが、加害者としての経験もトラウマであることに変わりはない。自国の過去をトラウマと認識しなければならない日本人——むろんそれを栄光に満ちた過去と認識している愚かな人たちも多いだろうが——の苦悩を理解する努力をしてみてはどうだろうか。

ノーベル文学賞を受賞した作家、大江健三郎が韓国で講演したとき、ある若者が問いつめる口調で訊ねた。「あなたが原爆の被害について書くことは、日本が被害者であると強調することになるのではありませんか？　日本が原爆を投下されたのは、当然のことではなかったんですか？」

大江はおもむろに答えた。「そうですね……。ところで、韓国の被爆者たちもそのようにおっしゃるでしょうか？」

原爆について日本人が語るとき、少なくとも大江の場合は、単なる被害者であることを強調するためではない。強いて被害者であることにこだわるならば、それは国家によって犠牲にされた一個人という意味での被害者である。

日本の帝国主義と戦争は、言うまでもなく国家によるものであった。戦争を起こすとき、国民の同意を求める政府などどこにもない。戦争というのは本質的に、国家が主体となって遂行するものである。その際、国民のほとんどは、受け身の姿勢で戦争の遂行に伴う苦痛を甘んじて引き受けなければならない。戦争で勝利を収めたとき国民に返ってくるのは、ひと握りの自負心でしかない。それでも国民は、戦争に勝つことがまるで個々人の暮らしの質を高めてくれるかのように熱狂するものである。

近代日本の過失は国家によって始められたものだが、国民が熱狂的にこれを歓迎したのもまた事実である。このことに対する批判も、もちろんなされなければならない。しかしながら、だからといって、国民の被害に対して同情は必要ないものだろうか？むしろ国民の熱狂と幻滅＝被害を、一緒に冷徹に確かめてみることによって、国民の名のもとに引き起こされるさまざまな出来事の愚かしさに目覚めることができるはずである。国家共同体の持つ問題点について互いに語り合うことは生産的な議論につなげることができるのだ。

また、ドイツやイタリアには落とされなかった原爆が、どうして日本でだけ試されたのかという問題もある。つまり、人種差別の問題に疑惑を持つこともできる。こうした問題まで、私たちは同時に考える必要がある。

繰り返しになるが、日本に問題があると思われたら自分たちにも当てはまる事柄ではないのかと一度くらいは考えながら批判すべきである。韓国ではありえないことと思われたら、韓国で「のみ」起こるような途方もない数の恥入るべきことなども思い浮かべてみよう。他国の不幸を眺めながら×印をつけて優越感に浸るのではなく、「どうして」と考えるくらいの余裕が必要だ。どの国にでも恥入るべき事柄はあるものだ。ならば、同様の病は一緒に治し、そうでないところは他山の石とする知的な姿勢を持ったほうがずっと生産的だ。

人間は他者との違いを、ただ単に自分とは違うからというそれだけの理由で排斥したがる。人は相手と同質性を確かめ合うことで安心を感じる反面、自分と異なる相手に対しては、得体が知れないものとして本能的な怖れと嫌悪を感じる。異なることが好意を持って認められるのは、相手が自分の利益を脅かさないことがはっきりしている場合が多い。

これは、国と国との間のことばかりではない。当然のことだが、それは社会のなかでも、学校のなかでも見られることである。韓国の場合、何よりも地方や地域間などの確執に見られることであろう。共同体が成立する際に基盤となる、同質性を求める本能、したがって本当は親睦と平和の基盤となるべきこの本来罪のない本能が、時には他者を排除し破壊する残酷な暴力の基盤にもなる。

しかし、自分と異なる人たちがこの世にいるのは愉しいことではないだろうか。共に生きるために必要なのは、差異を排斥することではなく、差異を受け入れ引き受ける、開かれた心である。

「強大国」でなく「お隣さん」の日本と

民族解放の日から五五年、もはや征服されていた期間の三六年よりもずっと長い歳月が流れ去った。五五年といえば、これを人間の年齢に当てはめると、解放後の韓国は中年にさしかかってしばらく経ったところである。

そろそろこの辺りで、中年の成熟に任せて傷から自由になりたいとは思わないだろうか。トラウマとは距離を置いて、被害者意識に根ざすか、もしくは紋切り型になっている日本観から脱け出し、あるがままの日本の姿を見てみたくはないだろうか。屈辱的な被植民化の道をたどることになってからというもの、ひょっとしたら一〇〇年間も痛みに耐えてきたかもしれない自分を、そろそろ恢復させてやりたくはないだろうか。トラウマを踏み越えて立ち上がったその日こそ、おそらく韓国は本物の独立が可能になるはずだ。

日本と望ましい関係を構築するという課題は、日本が強大国だからではなく、地理的に隣同士であるという韓日間の宿命を賢く受け入れるためにも必然と考えるべきだ。何より、お隣さん同士の間柄は悪いものと決まっていた歴史の愚を、二一世紀になってまで引きずり続けないためにも、それは必要なのである。

二一世紀の今こそ、隣国としての宿命を知恵でもって受け入れたくはないだろうか。

エピローグ

ちょっとしたことがきっかけとなって、比較的人よりも早く日本に留学することになった。今でこそ小学生からでも外国への留学が許されるが、韓国では大学を終えてから留学するのが普通だった頃のことである。私はしばらくのあいだ孤独だったが、ほどなく何人かの友人たちを自国以外の民族のなかに見つけ出すことができた。そして、私たちは民族や国家をさほど意識することもなく、ともに若い日々を過ごした。

ある日のこと、サムライの子孫であるはずの一人が、「戦争になったら僕は逃げるよ。人殺しなんていやだ」と、当たり前のように言った。それは、私が学んだ日本と私の前に存在する日本とが異なるということを、決定的に確認した瞬間になった。

大学院で学んでいた頃にはアルバイトをしなければならなかったが、幸運にも指折りの通訳会社に登録でき、韓日間のかなり重要な会合などを現場で垣間見ることができた。それは、留学生の身分では経験できないような世界を覗き見ることができただけでも有益だったが、同時に書物やメディアを通して留学前まで蓄積されてきた常識が崩れ落ちていく日々の連続でもあった。

留学を終えて帰国後、私はそれまで知るようになった日本を伝えることが自分の仕事だと思ったが、それは「親日派」〔植民地時代に侵略者に協力して民族を裏切った者をこう呼んでいる〕と見られかねないことを覚悟しなければいけないことを意味した。私ばかりではない、日本について好意的に語る人々がつねに、「だからといって、韓国が日本よりも劣っているというわけではないんだよ……」と付け加える理由でもある。彼らは、目に見えない警戒の目つきから自由ではいられなかったのである。もとより私もまた、そうした視線から自由ではなかった。

しかし、今こそ、あえて言いたい。

韓国のことをよく知っており、おおよそ韓国に好意的な日本人を「親韓派」と称する意味で、私は「親日派」であると。そして、現在の韓日関係が、一言や二言の妄言ごときでは壊れたりしない関係に発展するためには、盲目的な反日派や反韓派などではなくて、相手に対する的を射た批判を必要なときには仮借なしに加えることのできる親日派や親韓派がもっとたくさん必要であると。朝鮮解放の日から六〇年が経とうとしているのだから、旧親日派ならぬ新親日派くらい存在したってよいのではないか？　日本文化に親しむことに後ろめたさを感じると語ったある学生の話を聞きながら、私はそう思った。

この本の前半に述べた内容に関しては、書きながらも愉しい気分にはなれなかった。少し考えれば誰にでもわかることをなぜことさらに書かねばならないのか、という徒労感のせいで。実を言うと、そのうちに誰かが書いてくれるだろうと高をくくり、忙しさにかまけて怠けてきた。そうこうするうちに、常識のある人ならすぐにその問題点がわかるような言説のたぐいが、いつの間にか多くの人々に真実のように伝えられていたので、いつまでも怠けてばかりもいられなくなってきた。

政権が代わったのに伴い、雰囲気もまたかなり変化した。ＦＩＦＡワールドカップ開催を前にして、韓日両国はたいそう友好的に見える。だがまだ問題はたくさん残されており、そのとき、もつれているさまざまな問題を賢明に解きほぐしていけるような成熟した対応を期待しながら、私はこの本を書いた。

この本に書いた私の考え方の基本枠をこしらえてくれたのは、日本の批評家・柄谷行人である。私は彼から「他者」と「交通」と「倫理《モラル》」について教えられた。彼に教えられたというにはあまりにも浅い内容だが、それは私の能力不足とともに、この本が誰にでも読まれることを目指しているからである。師弟関係を結んで柄谷に師事したことはない。だが、彼はいつも私の師であった。「間」に立つことの熾烈さを彼に見てからというもの、私は「間」に立つ孤独をもはや怖れなかった。本書の話のなかで、景福宮の前に立ちふさがっている旧朝鮮総督府の巨大な庁舎を目のあたりにして、「これほどまでに露骨（な侵略行為）だったとは……」と言ったきり、しばし言葉を失っていた批評家（第1章2「破壊と喪失の間——旧朝鮮総督府庁舎の取り壊し」参照）とは、ほかならぬ柄谷であった。一九九三年九月のことである。この本で試みた「精神分析」（原著の副題「世紀末の韓国精神分析」）は言うまでもなくフロイトから借りたものでもあるが、より近くは『日本精神分析』という彼の本から借りたものである。この場を借りて、感謝の言葉を捧げたい。

二〇〇〇年七月

解説　朴裕河さんの声

高橋源一郎

この間、朴裕河さんを、わたしが主宰している小さな勉強会にお招きした。朴さんの主著ともいえる『帝国の慰安婦』を、参加している人たちに読んできてもらい、その上で、いろいろと話し、考えてみる集まりだった。

まず、わたしが、『帝国の慰安婦』について短い講義をして、その後、朴さんと共に、聴衆との応答に臨んだ。そして、わたしは、朴さんが柔らかい語り口で話すのを聴きながら、その語り口は、彼女が書くものと同じなんだ、と思った。

最近亡くなった批評家の加藤典洋さんが書き、朴さんの本と同じように、賛否両論の激しい反響を巻き起こした『敗戦後論』の中に、「語り口の問題」という一篇がある。それは、哲学者であり批評家であったハンナ・アーレントが、ユダヤ人虐殺の責任者アイヒマンの裁判傍聴記録を書いた際、その「語り口」が大きな問題となって、激しく排撃されたことについて書かれたものだった。アーレントは、ホロコーストやナチスの反人道的な行いについて、加藤典洋さんは、敗戦について、それぞれ、例のないほどの大きな、しかも否定的な反響を巻き起こした。文字通り、憤激を買ったのである。それは、なぜだったろうか。

詳述する余裕はないが、わたしは、その最大の理由は、彼らが「文学者」であったからだと思っている。彼らが、単に、政治的問題について厳しい、あるいは極端（とも見えるよう）な態度をとったからではなく、彼らの「語り口（トーン）」が強い反感を招いた。ときには、優れた哲学者や評論家と目される人が、彼らを批判するのは、彼らが、一般的ではない「語り口」で語るからなのだ。

では、彼らの「語り口」の特徴とは何だったのだろう。

わたしは、「文学」は、「人間」もしくは「人間性」について「語る」「学」だと考えている。どんなテーマについて語るときであっても、「文学者」は、「人間」や「人間性」という武器を手放さない。それは、彼らの「語り口」に自ずと現れるのである。

わたしが最初に読んだ朴さんの著作は『和解のために』だった。そこで、朴さんは、日本と韓国の間にあってのっぴきならない状態になっているいくつもの問題、中でも、そのシンボルともいえる、教科書・慰安婦・靖国・独島をとりあげ、そして論じた。

わたしは、この本を読みながら、その中に、これらの問題をとりあげてきた他のすべての論者たちとは異なった「語り口」を感じた。それは、これらのもっとも「政治的」だと思われている問題、それを「政治的」に終わらせまいとする、強い意志であった。「和解」こそ、本質的に他者を否定することによってその事業を完結させようとする政治というものにはなしえない、行いなのである。いや、「文学」こそ「和解」の事業なのだ。

朴さんは、さらに『帝国の慰安婦』を書くことによって、火中の栗を拾う作業を前に進めた。そこに書かれていたのは、歴史と和解することの可能性であった。それは、他の誰にも書くことが出来ない「文学」の本だったとわたしは思っている。

そんな朴裕河さんが、これらやっかいな歴史・政治・社会問題と取り組んだ、おそらくは最初の仕事が、この『韓国ナショナリズムの起源』(原題)になる。この本が最初に日本で刊行されたのは、いまから十五年前のことだった。日本と韓国の軋轢は深まりつづけ、解決する徴候は見られない。それはなぜなのか。そのことを「韓国」の側から探り、「韓国」の側にひそむ問題をえぐり出した本である。いま「反日種族」というようなことばがブームになっているように、隣国の失点を描き出したものではないかと誤解して手にとる人間もいるかもしれない。もちろん、そうではない。この本は、「彼ら」(韓国の人たち)について書きながら、同時に、わたしたち(日本人)にも問いかけている。

「繰り返しになるが、日本に問題があると思われたら自分たちにも当てはまる事柄ではないのかと一度くらいは考えながら批判すべきである。韓国ではありえないことと思われたら、韓国で『のみ』起こるような途方もない数の恥入るべきことなども思い浮かべてみよう。他国の不幸を眺めながら×印をつけて優越感に浸るのではなく、『どうして』と考えるくらいの余裕が必要だ。どの国にでも恥入るべき事柄はあるものだ。ならば、同様の病は一緒に治し、そうでないところは他山の石とする知的な姿勢を持ったほうがずっと生産的だ。……（中略）しかし、自分と異なる人たちがこの世にいるのは愉しいことではないだろうか。共に生きるために必要なのは、差異を排斥することではなく、差異を受け入れ引き受ける、開かれた心である」（本書・第4章より）

政治は、あるいは社会は、たとえば、わたしたちを、「日本人」と「韓国人」とに切り離す。そして、人工的に切り裂かれたわたしたちは、否応なく争わされる。だが、「日本人」や「韓国人」という、社会が産み出したラベルを貼られる前に、わたしたちが、なによりも、ひとりひとりの「人間」であることは、「文学」にとって自明の事実なのである。

本書は二〇〇五年に小社から刊行した単行本『反日ナショナリズムを超えて——韓国人の反日感情を読み解く』を改訂増補して文庫にしたものです。

韓国《かんこく》ナショナリズムの起源《きげん》

二〇二〇年 四 月一〇日 初版印刷
二〇二〇年 四 月二〇日 初版発行

著 者 朴裕河《パクユハ》
訳 者 安宇植《アンウシク》
発行者 小野寺優
発行所 株式会社河出書房新社
〒一五一-〇〇五一
東京都渋谷区千駄ヶ谷二-三二-二
電話〇三-三四〇四-八六一一（編集）
〇三-三四〇四-一二〇一（営業）
http://www.kawade.co.jp/

ロゴ・表紙デザイン 粟津潔
本文フォーマット 佐々木暁
本文組版 KAWADE DTP WORKS
印刷・製本 凸版印刷株式会社

Printed in Japan ISBN978-4-309-46716-0

幻の韓国被差別民

上原善広　41662-5

朝鮮半島に古来存在した、牛を解体し、箕作りに携わった被差別民「白丁」。彼らは現在どうしているのか。現地に滞在し、その跡を追い、差別の根源を考える。著者の処女作の待望の文庫化。

身ぶりとしての抵抗　鶴見俊輔コレクション2

鶴見俊輔　黒川創〔編〕　41180-4

戦争、ハンセン病の人びととの交流、べ平連、朝鮮人・韓国人との共生……。鶴見の社会行動・市民運動への参加を貫く思想を読み解くエッセイをまとめた初めての文庫オリジナルコレクション。

白磁の人

江宮隆之　40501-8

日韓関係史上になお影を落とすあの時代に、朝鮮にこよなく愛され、かの地の土となった伝説の人・浅川巧。素朴な白いやきもののように人々を慰め育んだ、愛の生涯を描く一九九五年度課題図書の文庫化。

アジアの聖と賤　被差別民の歴史と文化

野間宏／沖浦和光　41415-7

差別と被差別の問題に深く関わり続けた碩学の、インド、中国、朝鮮、日本の被差別問題の根源を、貴・賤、浄・穢の軸から探る書。豊富な実地体験・調査から解き明かす。

日本の聖と賤　中世篇

野間宏／沖浦和光　41420-1

古代から中世に到る賤民の歴史を跡づけ、日本文化の地下伏流をなす被差別民の実像と文化の意味を、聖なるイメージ、天皇制との関わりの中で語りあう、両先達ならではの書。

私戦

本田靖春　41173-6

一九六八年、暴力団員を射殺し、寸又峡温泉の旅館に人質をとり篭城した劇場型犯罪・金嬉老事件。差別に晒され続けた犯人と直に向き合い、事件の背景にある悲哀に寄り添った、戦後ノンフィクションの傑作。

死刑のある国ニッポン

森達也／藤井誠二　41416-4

「知らない」で済ませるのは、罪だ。真っ向対立する廃止派・森と存置派・藤井が、死刑制度の本質をめぐり、苦悶しながら交わした大激論！　文庫化にあたり、この国の在り方についての新たな対話を収録。

軋む社会　教育・仕事・若者の現在

本田由紀　41090-6

希望を持てないこの社会の重荷を、未来を支える若者が背負う必要などあるのか。この危機と失意を前にし、社会を進展させていく具体策とは何か。増補として「シューカツ」を問う論考を追加。

愛と痛み

辺見庸　41471-3

私たちは〈不都合なものたち〉を愛することができるのか。時代の危機に真摯に向き合い続ける思想家が死刑をいままでにないかたちで問いなおし、生と世界の根源へ迫る名著を増補。

幸せを届けるボランティア　不幸を招くボランティア

田中優　41502-4

街頭募金、空缶拾いなどの身近な活動や災害ボランティアに海外援助……これってホントに役立ってる？　そこには小さな誤解やカン違いが潜んでいるかも。“いいこと”したその先に何があるのか考える一冊。

人間の測りまちがい　上・下　差別の科学史

S・J・グールド　鈴木善次／森脇靖子〔訳〕　46305-6　46306-3

人種、階級、性別などによる社会的差別を自然の反映とみなす「生物学的決定論」の論拠を、歴史的展望をふまえつつ全面的に批判したグールド渾身の力作。

人間はどこまで耐えられるのか

フランセス・アッシュクロフト　矢羽野薫〔訳〕　46303-2

死ぬか生きるかの極限状況を科学する！　どのくらい高く登れるか、どのくらい深く潜れるか、暑さと寒さ、速さなど、肉体的な「人間の限界」を著者自身も体を張って果敢に調べ抜いた驚異の生理学。

右翼と左翼はどうちがう？

雨宮処凛 41279-5

右翼と左翼、命懸けで闘い、求めているのはどちらも平和な社会。なのに、ぶつかり合うのはなぜか？　両方の活動を経験した著者が、歴史や現状をとことん噛み砕く。活動家六人への取材も収録。

戦後史入門

成田龍一 41382-2

「戦後」を学ぶには、まずこの一冊から！　占領、55年体制、高度経済成長、バブル、沖縄や在日コリアンから見た戦後、そして今——これだけは知っておきたい重要ポイントがわかる新しい歴史入門。

天皇と賤民の国

沖浦和光 41667-0

日本列島にやってきた先住民族と、彼らを制圧したヤマト王朝の形成史の二つを軸に、日本単一民族論を批判しつつ、天皇制、賤民史、部落問題を考察。増補新版。

一冊でつかむ日本史

武光誠 41593-2

石器時代から現代まで歴史の最重要事項を押さえ、比較文化的視点から日本の歴史を俯瞰。「文明のあり方が社会を決める」という著者の歴史哲学を通して、世界との比較から、日本史の特質が浮かび上がる。

日本

姜尚中／中島岳志 41104-0

寄る辺なき人々を生み出す「共同体の一元化」に危機感をもつ二人が、日本近代思想・運動の読み直しを通じて、人々にとって生きる根拠となる居場所の重要性と「日本」の形を問う。震災後初の対談も収録。

天皇と日本国憲法

なかにし礼 41341-9

日本国憲法は、世界に誇る芸術作品である。人間を尊重し、戦争に反対する。行動の時は来た。平和への願いを胸に、勇気を持って歩き出そう。癌を克服し、生と死を見据えてきた著者が描く人間のあるべき姿。

FBI捜査官が教える「しぐさ」の心理学

ジョー・ナヴァロ／マーヴィン・カーリンズ　西田美緒子〔訳〕　46380-3

体の中で一番正直なのは、顔ではなく脚と足だった！　「人間ウソ発見器」の異名をとる元敏腕FBI捜査官が、人々が見落としている感情や考えを表すしぐさの意味とそのメカニズムを徹底的に解き明かす。

人生に必要な知恵はすべて幼稚園の砂場で学んだ

ロバート・フルガム　池央耿〔訳〕　46421-3

生きるのに必要な知恵とユーモア。深い味わいの永遠のロングセラー。"フルガム現象"として全米の学校、企業、政界、マスコミで大ブームを起こした珠玉のエッセイ集、決定版！

植物はそこまで知っている

ダニエル・チャモヴィッツ　矢野真千子〔訳〕　46438-1

見てもいるし、覚えてもいる！　科学の最前線が解き明かす驚異の能力！　視覚、聴覚、嗅覚、位置感覚、そして記憶――多くの感覚を駆使して高度に生きる植物たちの「知られざる世界」。

犬の愛に嘘はない　犬たちの豊かな感情世界

ジェフリー・M・マッソン　古草秀子〔訳〕　46319-3

犬は人間の想像以上に高度な感情――喜びや悲しみ、思いやりなどを持っている。それまでの常識を覆し、多くの実話や文献をもとに、犬にも感情があることを解明し、その心の謎に迫った全米大ベストセラー。

オックスフォード&ケンブリッジ大学　世界一「考えさせられる」入試問題

ジョン・ファーンドン　小田島恒志／小田島則子〔訳〕　46455-8

世界トップ10に入る両校の入試問題はなぜ特別なのか。さあ、あなたならどう答える？　どうしたら合格できる？　難問奇問を選りすぐり、ユーモアあふれる解答例をつけたユニークな一冊！

脳はいいかげんにできている

デイヴィッド・J・リンデン　夏目大〔訳〕　46443-5

脳はその場しのぎの、場当たり的な進化によってもたらされた！　性格や知能は氏か育ちか、男女の脳の違いとは何か、などの身近な疑問を説明し、脳にまつわる常識を覆す！　東京大学教授池谷裕二さん推薦！